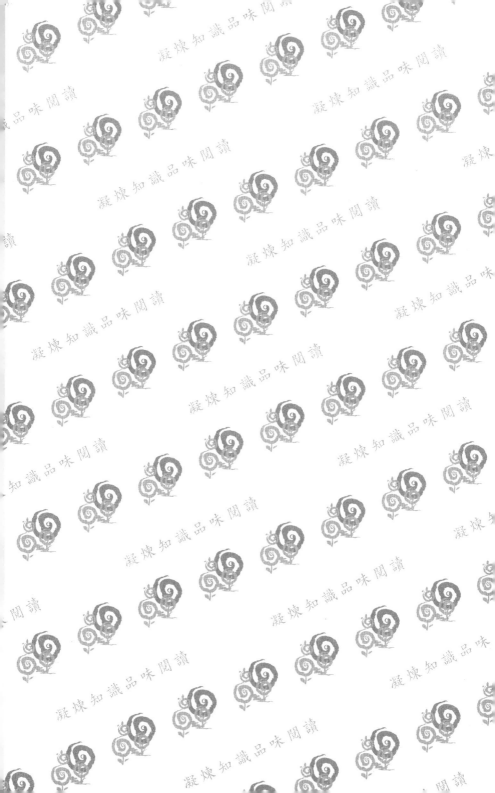

個人理財與投資規劃

張麗娟 著

五南圖書出版公司 印行

作者簡歷

　　張麗娟，現職國立虎尾科技大學財金系專任副教授，出生於臺灣省高雄縣，畢業於輔仁大學經濟系，民國八十二年獲國立政治大學企業管理研究所商學碩士，民國八十九年獲國立臺北大學企業管理研究所商學博士。

　　服務於金融業多年，並於國立雲林科技大學企管系、休閒運動研究所任教「成本會計」、「會計學」、「稅務法規」、「休閒運動財務管理」等課程，亦曾於國立空中大學任教「家庭理財規劃」、「生活與理財」等課程。

　　實務上張老師也從事房地產投資與規劃，為自己的退休金也帶來有加分效果，並運用多年的銀行實務經驗，了解不同金融商品投資要精不求多的認知，專精一二種投資商品持續的長期投資就會產生複利的效果，所以再加上以知識作膽量，選對商品長期持續的投資，自會嚐到豐收的果子。

　　目前為國立虎尾科技大學專任副教授兼系主任，曾任國立虎尾科技大學進修學院校務主任。在職期間協助成立經營管理研究所，在財金研究所任教「不動產金融」、「金融機構與風險管理」、「企業購併與評價」等課程。

吳序

　　本書由淺入深，廣泛地探討及介紹各種理財的觀念與技術，從人生第一份工作開始作開源的準備，以穩紮穩打的態度，善用時間規劃及了解各項節流的技巧，並能善用與銀行打交道及運用網路的資源與資訊，本書也含括各種傳統與現代的理財技巧與工具，就理論與實務而言，可稱妥適。

　　本書作者張麗娟教授在銀行服務十九年，後轉入至國立虎尾科技大學財金所任職，十年來教授理財與投資的課程，對於金融機構的經營策略與風險管理及銀行內部作業流程知之甚詳，也曾在企業教授「財務管理」、「公司理財」及「個人理財」等投資理財課程，於理論與實務上堪稱熟稔與豐富，而可以窺其堂奧。

　　今以其多年的實務及教學經驗，撰寫內容詳實的理財入門書籍，對於未曾學習過財務管理的人提供了一項入門的引導與參考。

　　我國消費金融的業務逐年成長，個人理財更趨多元化，現今銀行運用資訊科技Fintech的發展，積極拓展電子金融業務，以滿足網路電子商務的發展與需求。理財就是為了管理生活，如果我們有了正確的理財觀念與態度，善用周遭的生活資訊，將使您成為理財規劃的高手。

　　俗話說：「讓好習慣變為自己的貴人」，從經驗中學習理財，善用理財的知識，並將其操作技巧付諸於生活中的行動，重要的是要讓自己由理財的知識中創造財富與生活價值。

余感其熱忱與努力，同時張教授在此領域也略有成就，特爲之序，以饗讀者。

吳進安　謹誌

2018.8.6

雲林科技大學漢學所

教授兼所長

誌謝

　　人的一生與銀行有密不可分的關係，有了收入或手邊有了閒置的資金時，就會選擇適合自己理財的往來銀行，作為自己財富增加的開始。儲蓄是積蓄財富的開始，從薪資轉帳轉入銀行存款乃成為國人最常使用的一種儲蓄與理財工具，可見它確實與個人財富的目標達成有密切的關係。

　　根據日本節流風記帳的方式，認為記帳是理財的第一步。經濟不景氣，為了達到自己的人生目標，長遠來看，記帳是一個不錯的理財規劃方式。日本財務規劃師北見久美子說，記帳基本可分為平日與特別日。東方人對於自己的錢財，多半不願和別人交換資訊，完全以自己的知識作決定，不願意記帳。有人則認為為什麼要把自己的生活壓迫的如此緊張，工作後回家還得記帳，覺得記帳是件苦差事，又要隨時了解股票、基金價格等市場動向，以及貸款和資產管理等，實在生活是太辛苦了，人生苦短，來日無多，應及時行樂才是。

　　家庭主婦如能隨時掌握最基本的日常收支明細帳目，逐筆記下生活的動態，其實記帳將有助於整理資料且利於資金的分類管理。現代人愈來愈長壽，為了能活得更有意義和餘裕，最好盡早養成開始累積正確資料的記帳習慣。所以，記帳是理財的第一步。善用銀行的資源與銀行打交道，讓銀行變成自己的理財幫手，在需要的時候，才能得到銀行的支援，是人人都要學習的重要課題。

本書有鑑於此，便將個人生活經驗集結成書，本書得以順利出版，要特別感謝許多人的鼓勵與支持，並且給予莫大的幫助。本人有感於時下之年金改革與財富縮水的現象，有不少人對於理財的觀念與技術，總覺得太過於繁瑣，因此如何提供大眾一本簡明易讀，輕鬆看得下去的理財書是個人夢想。

　　雲科大吳進安博士，他幫助我重整架構、整理資料，使其內容更容易被讀者使用。在概念的架構上，要感謝五南圖書出版股份有限公司的編輯團隊，提出本書的觀念性架構及有趣的論點與意見，期望本書能更貼近於讀者閱讀。國立雲林科技大學財金系的佩鑫同學與國立虎尾科技大學財管所的庭瑜、敬展、雅惠、幸燁為本書蒐集資料及協助繕打，由於以上學生們專心一致、勤奮不懈的協助，讓本書可以在如此迅速的速度下再次改版。

　　本書進入第二版，除了加上新觀念，針對理財工具有一實務上的介紹，對於未來的規劃也專章說明，應可以再豐富本書的內容。

張麗娟　誌謝

2018年8月6日

於虎尾科技大學
財務金融研究所

目錄

第壹篇　理財入門概念

第貳篇　開源與節流

第肆篇　理財與生活

第壹篇
理財入門概念

第一節　生活的法則

　　別讓發財只是夢想，要把投資理財當成生活規劃的一部分。理財不只是生活重要的學習歷程，更是一輩子的人生規劃，完整的理財概念與充分的資訊是絕對有必要的，然而時機更是關鍵！理財規劃永遠不嫌遲，當你比別人早一步開始計畫，也就同時掌握了累積財富的先機。

　　現在開始問問自己，是否有一套生活的策略？是且戰且走，還是走一天算一天？果真如此，自己的競爭力也太低了。外界覬覦者眾，且戰且走不是致勝的關鍵，要生活有效率，通常要熟諳遊戲規則而胸有成竹。因此，知道遊戲規則，擬出計畫與對策，就比那些毫無計畫的人高出更多的財富，道理是很簡單的。

　　我們常常為了現實的問題而不懂得如何去管理生活，例如：嫌自己薪水低、嫌自己大材小用、覺得自己有志難伸、生活有如行屍走肉、老是無法達成自己的目標、太過於滿足現況、懶得面對挑戰，更懶得做改變，甚至背負自己無法承受的財務壓力等。但是我們常常將這些不愉快的經驗與想法轉換成「和別人比起來，我們過得還不錯啦！」、「我很努力了，可是你知道的嘛，真的不容易耶！」、「比上不足，比下有餘，咱們過得可以了

啦！」，暫時用這些觀念來逃避，生活中確實也需要作這種調和，但是卻沒有明確的標準與清晰的目標，在模稜兩可的情形下，讓自己比較容易混水摸魚。這種想法卻是一種迷思，要生活在一個競爭的世界裡，輸贏成敗就在這些生活法則裡了，生活品質的高下，端看自己的投資觀念。著名的「生活策略規劃」學者菲利普·麥格勞（Philip C. McGraw）就提出他的生活法則觀念。茲將其生活法則列示如下：

一、掌握要領

投資人必須就自己知道的去做，若懂得愈多就做得愈好。投資人必須了解自己為什麼會做某些事，又為什麼會規避某些事。如果缺乏必備的資訊與技能，也就是不了解遊戲規則或事情的前因後果，因而缺乏妥善的規劃和對策，便會破壞自己成功的機會，因此掌握要領是很重要的。

「知識」的相反詞就是「忽略」、「無知」，但錯誤的想法和自以為是的態度，不聽專家的建言或不正確的資訊，會帶來更多投資上的危險性。

二、對自己的生活負責

在這個通貨膨脹、物價飛漲的時代裡，如果你不學會好好管理你的財富，那你的財富一定會遠走高飛……，無論你是念什麼科系，都應該要有「理財」的概念，理財理財，你不理財，財不理你！讓理財不再是空口說白話，就從今天起好好學習加、減、乘、除法的方程式理財吧！

對自己的生活負責，承認且接納自己投資的結果，並且必須

承認，所有後果都是由自己打造出來的，這絕非偶然。如果你不喜歡自己的工作，責任在你；人際關係不好，責任在你；不快樂，責任在你，負責不是要耍嘴皮子，而是必須去分析自己的作為與結果之間的關聯，經驗是自己打造的，所以要坦然負責的面對它。

　　一個人要獲得真正的成功那就要認識自己，挑戰自我，選對適合自己且喜歡的行業去從事，然後不斷地培養自己的專業能力和品性，不斷地去改善自己，與自己競爭，把自己當作研究中心，找到自己存在的問題，不斷地去發現自己優點。事實上人類文明是需要靠每個人發揮自身最大的潛能，才能創造出自我無限潛力。

三、有所為而為

　　當自己的行為無法達到某種目的，就要勇於拒絕，金錢或精神的報酬是所有行為養成的關鍵因素，行為的成因錯綜複雜，如何釐清自己生活中的種種行為與報酬的關係，才能了解並且控制個人行為的因果關係，若想戒掉「不勞而獲」的習慣，就必須停止藉這種習慣來「犒賞自己」。若想去影響別人的行為或行為模式，首先就得了解他們的金錢或精神的報酬在哪裡，去控制那些報酬，才能用它來鼓勵你想要影響或改變別人的行為方式。

　　存下愈多的錢，你才能夠有辦法將這些錢拿去做長期投資，你賺多少錢，並不是重點，能夠存下多少錢，才是最重要的能力。

四、承認錯誤

　　承認錯誤，別找藉口推託，檢討後再努力朝目標前進。選擇

性失憶（selective amnesia）大多是發生重大事故期間，投資人有時運用知覺性防衛機制來保護自己避開無法承受的壓力，或不想面對的事件，而對於事故的任何片段完全想不起來，也就是不去面對錯誤或當作重大事故未曾發生。

　　想改變現況，就必須坦承自己的錯誤，承認自己的缺失，如此才能包容自己的瑕疵與過去的包袱。

五、一分行動，一分收穫

　　光是空想擁有財富，卻不行動是達不到目標的。拖延心態是理財的一種毒素，機會錯失就很難再來。所以，決心與行動為理財的不二法門，並且能預期未來的收穫，但行動必須配合你的知識、覺察力、洞見和了解力，否則行動就不具任何價值了。所以說心態影響期待，期待影響選擇，選擇影響結果。

　　有風險，就表示有某種珍貴的事物處於動亂之中，珍貴的事物多半是指我們的平靜心情、生活態度、人際關係或財務的穩定性，由於在追求風險的過程與動作中均會擾亂了原本平靜的生活形態與方式，就是我們指的珍貴事物。所以，我們會佯裝幸福，怯於冒險或試盡託辭的方式去避開風險的產生，無論現狀多麼沉悶無趣，仍希望維持現狀，在現狀中故步自封、不冒險、不改變、更不探索未知。雖說冒險嘗鮮可能造成極大恐慌，令人縮手不前，但如果未戰先退，自己也將永遠踏不出去了。改變現狀總是令人焦慮、痛苦。痛苦的確有驅策我們行動的能力，也逼自己選擇要走的方向，如果能懂得利用痛苦來驅策自己，擺脫眼前的困境，達到想要的境界，眼前的折磨反而能成為將來的利基（niche）。說不定現在所受的苦難，正是改變人生邁向另一境

界所需的動機或動力！

　　大膽冒險與人類自我保護的本能是相牴觸的，但下定決心冒險一試，追求目標，生活將因此滿載勝利與收穫；即使萬一失敗，至少也能學到一點，生活總是有輸有贏的，能贏是因為自己努力過，知道自己的理財目標，並能按部就班，堅持到底。付出行動，看緊結果。

六、認知可以決定行為的一切

　　看清自己如何去解讀事物，了解自己的背景，並能跳脫原來的認知，只有自己才能選擇詮釋的觀點；所有事物的意義與價值，都是自己所賦予的認知。

　　人的思考受認知的影響，就似一個思考濾網，思考濾網——包括我們的人格、態度、觀點和作風，會左右我們對經驗的解讀，並進而決定了人、我之間的互動因果。這些思考濾網無所謂好與壞，有些也許很健康、正面；有些則可能扭曲而具有破壞性。若想要活出效率與效能，自己得先認清自己的思考濾網，別讓它扭曲了自己的想法，甚至誤導了決策。如果用過去慣用的思考濾網來看未來的世界，就等於任由過去的認知來宰割自己的現在與未來。回憶不愉快的經驗是在於讓自己覺察別人覆蓋在我們心靈上的層層思考濾網，以及它對自己的影響。唯有承認問題的存在，坦承心中的痛，用毅力去改變自己的想法，才能走出歧見的囚籠。

　　《祕密》、《有錢人想的和你不一樣》如果讀了這些書籍，同時你的思考濾網也有所改變，為什麼我還沒成功？為什麼「關注自己的願望」反而無法達成目標？如果你想達成目標，應該

「關注過程」而不是「關注結果」。

七、作個生活管理者

失敗不是問題,問題是自己能不能站起來。

我們日常生活中,不斷的重複所做過的事,而這其中必有報酬,不論是金錢或精神的報酬,只要用心探究,就能辨識報酬的存在。所有的行為模式中都含有報酬,無人例外,如果能真正鑑識報酬背後的因素,就可以努力減除惡習,也唯有正確了解自己的生活模式,接納報酬的觀念(這種報酬也有可能是病態的),了解這種觀念後才能大幅提升個人對報酬的控制能力及自主權力。想要獲得報酬自己必須痛下決心,花時間化解自己的理財問題點,不要只顧著解決別人的問題。俗語云:「做鞋的人反而沒鞋穿」。想想看,當我們忙著提供我們實在無法提供的東西給別人,但卻無暇照顧自己時,甚至因為如此而長期延宕理財功課,讓自己對此問題產生麻木,而心靈枯竭。但是萬一突然遇到痛苦或問題,就得設法去化解,別將事情悶在心裡。試想,自己可以不惜與人發生衝突、道歉、原諒,只要能把問題解決就好,切勿讓問題積壓而成為自己生活裡的負擔或壓力。

所謂生活的管理者,是將自己當作最重要的資源,把生活當成專案來管理,同時將自己當成員工來使喚,盡心的為自己工作。若得到報酬,就要悉心去規劃,信守承諾並且盡力而為,相信在不久的將來,一定有所改變,讓你擁有豐沛的朝氣與富饒的人生。所謂專案管理(project status management)就是努力擬出一份個人專屬的生活策略,並透過規劃來管理生活,不再活得漫無目標。例如:一個人負手緩步而行,不時駐足、繞彎,偶爾還

凝視遠方。他的生活毫無目標，悠閒自得；但另一個人為了趕赴一場演講，他就會一路奔趕，甚至抄小路以節省時間，這種人有特定的目的地，時間對他而言也很迫切有限，趕起路來也必然十分專心。試想，這兩種人的行動與生活態度是有差別的嗎？

用專案管理的態度去理財，就是指用重要專案而迫切的心情，排除一切外務，專心處理手邊的事。用處理專案管理的態度去規劃理財，人生將大有轉機。不管是否願意動手改變，時間稍縱即逝。別等明天，也別等稍晚，現在就做吧！

不論你屬於哪一個類型，在規劃行程表之前，應先釐清目標，才不會在盲目追求效率工作的同時，當了時間的奴隸。美國著名管理學家史蒂芬・柯維（Stephen Covey）建議，每週可花一固定時間，自我評估當週表現、檢視長短期目標與夢想，再依此調整下週計畫。請不要對自己的過去失望，我想當你振作起來的時候，就是你認真面對這個社會、面對你自身的時候到了。想明白了，你就一步一步地往前行，不要猶豫不要後悔地走下去。想來，你也會成功的。

八、列出你的終身決定

列出你未來想要的生活品質、希望、夢想和目標，這些就是你的未來理財計畫，當人生作改變時，會遇到優質與劣質的選擇，優質的選擇讓自己左右逢源，人生坦順；但劣質的選擇，則必須抱持「我會修正這個決定」，也就是快速設法解決，並堅持到底。這種決定與決心可以測試一個人的成熟度。終身決定是個人心理與行為的函數，也是深植內心的價值觀，不單是一種想法，更是一生信守的承諾。如果讓自己一直生活在「舒適區」，

你所面臨的問題依然會是一樣的，如何督促自己在各方面多用心，是非常重要的。舉凡你的打扮、自我控制的能力、情緒管理、人際互動管理、工作表現、包裝自己，以及每樣你能想得到的事與物。現在開始每天一早便問自己：「今天怎麼做，才能讓我的生活變得更好？」然後努力找出答案，付諸行動，記住，每天都不能偷懶哦！

九、用心學習談判技巧

　　你必須在每場人際關係中，都是積極的介入者。譬如家庭中的理財方式是夫妻在互動規則中「調教」出來的，對方可從你身上學到你的反應模式，並將之納入自己的行為模式中，如果你承認在彼此互動的過程中扮演要角，就要努力「為自己負責」的表現。對方會尊重你的理財能力，因為是你創造了自己的經驗、是你去接納伴侶的行為，以及未來行為所造成的後果，如果你能用心學習談判的技巧，勇於控制自己的反應，才能培養互敬互諒的關係。

　　理財是夫妻雙方共同的事，在彼此溝通觀念之前，你必須鼓足勇氣，下定決心，具有膽識和毅力，而且要設法獲得對方的尊重。你得立定終身決定，寧可獨善其身，也不願悲苦的活在兩人世界裡，而掉入自欺欺人的陷阱中。

　　主動教育別人善待你，別盡是抱怨別人，學習提高互動模式的情境標準，等於是改變夫妻中實質的關係。對方絕對不會喜歡做大的改變及接受風險，所以如果你硬要改變現況，勢必將引起夫妻中另一方的反彈。但是，由於以前的遊戲規則是你教的，助長其惡行的人還是你，他們跟你一樣，早已習慣了這種生活方

式。不但過慣了零風險的日子，而且活在麻木不仁中，且逃避不容易取得成就下的生活模式。因此，如果你想提高別人善待你的標準，改變彼此的遊戲規則，就應先告知他們一聲，才算公平，畢竟對方有權知道你的理財策略。

十、想清楚，執行吧

俗語云：「想要達成夢想最簡單的方法，就是說出自己想要什麼？然後努力去做」，問題是，如何去描述自己的願望，有些人仍會苦苦思索，不知道自己要的是什麼？就好像現在有一位神仙能完全滿足你的要求，但先決條件是你一定得先開口講明白要什麼夢想，這樣對方才有辦法給你啊！但記得要勇敢的去拿。

在設定正確目標時，必須深思熟慮，愈謹慎則風險愈小，因為如果目標設定錯誤，這比完全不知道自己要什麼更慘，無數人努力了一輩子投入無數的犧牲與代價，卻在目標到手之際悵然若失，然而這些人並沒有偷懶，只是走錯了跑道，錯失了機會，造成奮鬥了半天，反而離目標更遠的困境。因此建議在設定目標時要把握當務之急，而非人云亦云，魯莽追求未加細想的目標，必須時時提醒自己要「掌握要領」，當偏離目標時，也要有所知覺，唯有深入去了解目標與未來的風險報酬，才能在機會來臨時乘勢而起，迎風揚帆。以下提供一些思考的方向供參考：

- 對你而言，成功是什麼？換句話說，你的目標何在？你必須在生活裡創造什麼事物，才能讓你覺得達到最終目的？
- 你的目標又是什麼？
- 達成目標時，你會是什麼情況？

- 達成目標時，你會有什麼感覺？
- 達成目標時，你會有什麼行為？
- 你跟誰一起達成未來的目標？
- 達成目標後，你的生活跟現在的生活會有哪些不同？
- 你必須克服或改變哪些生活問題與困難，才能達成未來的目標？換言之，目前有哪些作法阻礙了你的成功腳步？

　　如果無法詳細回答以上所有問題，就代表還沒準備好，菲利普·麥格勞（Philip C. McGraw, 2000）認為：「不想要的東西再多也沒有用。」若自己很清楚的知道自己要什麼？渴望何種感覺和經驗，而且非把注意力放在某件事物上，例如：一部名車或一份高薪。我們必須深入的問自己：「為什麼我想要的是名車和高薪？」答案可能是，擁有後的感覺，如果能從目標層次提升至精神領域，可能在達到目標手法上的選擇會較多樣化，也就算是抓到重點了。

　　其次談「說出來」，就是大膽的伸張自己的思路，大膽伸張自己是需要決心和毅力的，該是你的，就得大膽掌握，主張自己應得、想得的事物，旁人無時不覬覦你的財產、空間，乃至於你的思想和信念。試想，我們為什麼要任人掠奪？為什麼要敞開窗口，任憑竊賊進出呢？唯有站穩腳跟，堅定信念，才能大膽宣告：「該我了！這是我的機會，我要主張自己的權利。」西方有句俗諺：「自己的權利要自己伸張、發掘，沒有人會幫你做這件事，也沒人能取代你。」你若不做，這件事永遠不會有結果。夢想值得放手一搏，時機來臨時，別忘了自己擁有追夢權利的主張。

十一、找對自己位置

我們每個人都希望自己的難得而又寶貴的一生中，活的瀟灑如意，活出自己存在的意義，不白走一遭，不白活一回，這不是什麼奢求，而是必然又必要的選擇，一個人應該正確認識自己，找對自己位置，選擇好前進的目標和方向，否則只會浪費寶貴的時間和精力，到頭來就是一事無成。

趙本山還是一個農民時，有人說他重的做不了，輕的不願做，光會耍嘴皮子。但他硬是把嘴皮子耍成一門功夫。籃球飛人喬丹成名前，到一家二流職業棒球隊打棒球，成績一般，只好悻悻而歸。

可見，一個人要成功，必須找對個人能力和職業的最佳結合點，那就是要找好自己的位置。

最適合你的就是最佳位置。最佳位置不是最高的，而是最適合你的。不適合你的位置，對你來說，就不是最佳位置。

或者說，只有展現你最大的自我價值的位置，對你來說才是最佳位置。只要我們找對自己角色，不為暫時的利益誘惑所動，就一定能達到勝利的彼岸。相反，不管自己的條件如何？都非男女主角不演，結果只能是在一邊坐冷板凳。

奧托‧瓦拉赫在開始讀中學時，父親為他選擇的是一條文學之路，不料一個學期後，老師為他寫下了這樣的評語：「瓦拉赫很用功，但過分於拘泥，這樣的人即使有著完美的品德，也決不可能在文學上有所成就。」而化學教師認為他做事一絲不苟，具備做好化學試驗應有的特質，建議他試學化學。

於是瓦拉赫智慧的火花一下子被點燃了，在同類學生中，遙遙領先，最後獲得了諾貝爾化學獎。

　　在人生舞臺上，角色的分工是十分具體的，除了主角，還需要有大量的配角，以及跑龍套的角色，只要找對了自己角色，都能贏得觀眾的讚賞。汲汲營營的人生大潮中，渴望成功的人們，一定要在狂熱的創業過程中，多品味自己，多審視自己，找對自己的位置，踏踏實實做，幹適合自己的事。否則成功只能是霧中花、水中月，可望不可及。瓦拉赫的成功說明這樣一個道理：人的智慧發展不是均衡的，都有強點和弱點，一旦找到自己智慧的最佳點，便可能獲得驚人的成績。

　　沒有人能告訴我們該走哪條路，我們只能摸著石頭過河，小心地走好自己的路。世上的路有千條萬條，屬於我們的只有一條。

　　世界上的位置實在太多了，沒有一個位置能夠成為世界的中心。是不是世界的中心並不重要，重要的是你是否找對自己的位置。

　　每一個人在社會上都有一個屬於自己的位置，因此，不管你學業如何，技能如何，你得想到自己首先要成為一個人：一個對社會，對他人對自己有用的人。

　　不要以學業來衡量自己的一切，也許那只是你生命中的一部分。學業好固然可以讓你在今後的人生道路上比別人少走彎路，但學業不行也不要緊，你得拿出一點能讓你在社會上立足的技能。

　　人人都希望生活得好，發揮出自己最大的聰明才智，在人世間瀟灑走一回，這是無可非議的。但我們也應該有自知之明，不要忘了適時審視一下，看自己究竟適合做什麼，以便找對自己的位置。

茫茫人寰，芸芸眾生，成功的路千條萬條，每個人只有走自己的路才能找到優勢，只有走自己的路才有希望抵達自己選定的目標。

第二節　生活的範疇

　　以上十一項生活法則與策略是一種學習而來的技巧，生活的層面有哪些？如果你說：「我想過快樂的生活」，但生活與快樂這兩個名詞，意義非常抽象，不是很精確，等於是白說，所以生活要有內容，必須明確定位自己的現況和未來所要走的方向，要想吸收理財經驗，最好的老師即是生活的磨練。

　　生活的範疇大致可分為個人、工作、人際關係、家庭和精神生活等層面，或許在每個範疇和生活層面中，你設定的目標都不一樣，每一個層面你投入的心力也不一樣。但須先從最迫切的問題著手規劃，並實際付諸行動，本文只針對個人及家庭理財而言，見表1。

表1　生活的範疇

生活的範疇	生活的內容
個　　人	自尊、教育、經濟狀況、健康、財富
人際關係	新的人際關係、修復現有關係、重新建立關係
工　　作	工作表現、目標、升遷、內容、換工作
家　　庭	父母、子女、兄弟姐妹、夫妻
精神生活	心路歷程、個人進修、生活重心、平安喜樂

第三節　策略性生活步驟

一、策略性生活規劃（Strategic Life Planning, SLP）

策略性生活規劃需要的特別技巧知識與策略規劃，必須有下列的步驟及遵循方法：

1. 若想將夢想化成目標，就得明確定出操作的策略。
2. 運用一種可以量化的方式來陳述目標，以期掌控進度與狀況。
3. 要設定一個期限，訂立時間表，用專案管理目標的方式，才能明確評估計畫是否切實可以執行。
4. 在鑑別自己的目標時，選擇自己可以創造與控制的事項，自己無力辦到的不必太費心。
5. 一份可靠的規劃及妥善的安排，能讓你在缺乏動力、心情低潮時，仍能信守自己的承諾勇往直前，妥善規劃自己所處的環境、責任，便能在熱情消散後仍能堅持下去。
6. 把目標謹慎的拆解成可以評估的小細節的目標，重大的改變不可能一夕完成，它是一點一滴進行的，漸進且有步驟的實行是達成夢想的最好方法。
7. 為自己的行動或偷懶負責任，查驗自己的資源與進度，以驗收的心態來過生活，對自己比較不敢懈怠。
8. 從生活經驗中記取教訓，研究成功的經驗時，則能細讀正面的激勵事物，找出人際關係良好的原因，對自己有助益的「財務智商」應重製，如此將可提高自己理財成功的機會。

二、學會自我激勵

　　自信是每個人的一種內在東西，需要由我們自己來把握和證實，因而，在建立自信的過程中，也一定要學會自我激勵。要有勇氣面對別人的譏諷和嘲笑，是自我激勵的辦法之一。

　　既然要成功，其成功的道路上就一定不會一帆風順，誰都必須經歷種種考驗，然後這時，我們也必須堅持，只有堅持我們才可能會越過這些坎坷走向成功，那我們怎樣才能讓自己堅持下去呢？無數成功的事實告訴我們：只有善於調整心態，學會自我激勵，才能戰勝自我、超越自我，成功之路才會向你敞開。

　　自我激勵是建立在自我認識和自我評論之上的，能產生積極的效應；自我激勵就是語言在大腦中施加所希望完成夢想的影響力，使自己的言行達到某種目的。它是建立在自我認識和自我評價上能產生積極的心理效應。例如：在你遇到失敗，遇到難以抉擇的重要事情，而又必須面對時，你可以試著對自己說：「只有做了，才知道這件事能不能成功。」這樣的你也許就已經有了必勝的信心，也許你內在的力量已經被激發出來，而成功之路也就離你不遠了。當然，要想使這種自我激勵的方法始終有效，就必須形成生活上的習慣。德國人力資源開發專家斯普林格在其所著的《激勵的神話》一書中寫道：「人生中重要的事情不是感到愜意，而是感到充沛的活力。強烈的自我激勵是成功的先決條件。」

　　所以，學會自我激勵，就要給自己注入經常性的快樂的思想理念。如果你經常在失敗中躊躇，有不自信的念頭，那麼你已經在追求成功的過程中輸掉了一大截。相反地，倘若你對自己充滿信心，並能時時刻刻自我激勵，那麼即使面對逆境，也能泰然自

若，這就是自信的力量，這就是自我激勵的內在表現。

　　成功的生活家均會刻意的經營自己、照顧自己，將自己當作達成專案目標的頭號資源。他們不但管理自己的身心財富與健康財富，維持生活的平衡度，以避免變成時下所說的「過勞死」，也不會只顧著一個特定的目標，而忽略了其他部分的目標。運動、娛樂和家庭時間也是他們的重心，即使面對惡劣的工作和人際關係，也能一笑置之，他們的處理方式可能是用心去改善；也可能調頭離開，但絕不自找麻煩。

三、成功之路的四個階段

　　人生有許多弱點，其中最大的一個弱點就是常常快速的說出「不可能」或「我放棄」這個單詞。對於說這種話的人而言，最保險的方式也好像就是「不可行」。如果你採取了我的對策並始終不渝的為之努力奮鬥，那麼你就會使你的所有夢想成為真實。

　　當別人對你選擇的道路提出異議乃至斥責的時候，你必須坦然面對。輸家常常會把怨氣拋向贏家，因為消極與積極總是難以調和的。你在向成功奮進的過程中會經歷四個階段，這四個階段非常具有典型意義，可以說每一位成功人士都必須要經歷的。

　　第一階段：你有了一個新想法，但在這個想法取得成功之前，你會受到許多「踏實派人士」的嘲笑。

　　第二階段：你堅持不懈的努力終於修得了正果，取得了更大的成功。這時你會成為飽受誤解與忌妒的目標，人們不樂於看到你取得成功。

　　第三階段：你的成功不斷升級，而你也始終不變的為實現目標而努力。這時，人們會害怕你，且這種害怕會變成批評與攻

擊。如果你受到強烈的攻擊，那麼你一定不要放棄。因為這意味著你距離最終的突破已經非常接近了，你即將取得最後的成功。

第四階段：如果你繼續堅持下去，那麼你就會實現夢想中的目標。你的瘋狂的、不可能的、不尋常的想法成功了！這時，所有那些曾經嘲笑你、忌妒你、批評你的人，會走過來拍著你的肩膀說「太棒了！我早就說過，你會成功的！你有朝一日會成為名人的！」

對於你的批評者，你不必太在意，你不要忘記：人們從來不會為批判者豎碑立傳的，而被批判者的人卻常常受到這種禮遇。

四、享受奮鬥過程的快樂與平安

然而實現目標只會帶給人們一秒鐘的幸福，然後就消失了。也就是說，你必須學會享受奮鬥過程中所帶來的快樂與幸福，套用一句中國哲學道家的智慧話語就是「道即是道。」

你並非是在實現目標的時候才努力的，而應該為有機會實現下一個目標努力工作而感到快樂！如果一個人只是追逐一個接著一個的目標，那麼儘管在別人眼裡他是成功的，但他自己卻感受不到成功所帶來的幸福。

當確立一個具體而明確的目標時，同時也意味著包含一種危險，即可能會使你對別的機會視而不見，你也許會頑固的堅持一種想法。請千萬不要讓目標蒙住了你的眼睛，使你無法看到別的、更新的，甚至更好的機遇。打個比方，你在許多年以前就確立了一個目標，要建立一個屬於自己的唱片立體聲設備企業，接著你創造了這個企業，然後的下一個目標是出產最好的產品。所以接著你就制定了一個目標，要讓你的企業成為唱片生產領

域中最成功的一個。就在你朝這個目標努力前進的時候，出現了CD播放機。如果你對市場動向不夠敏感，未能及時跟進這輛「新列車」，那麼你的整個計畫都會變得毫無用處。你必須不斷的覆核自己的目標。你應該時常自問，你現在的目標是否還像以前所訂立目標時一樣對你很重要。如果答案是「不」，那麼就馬上改變你的目標吧！

以下是一種自我練習題：

- 目前處理的事務是緊急，還是重要的？
- 五年後，我每日可以有多少收入？
- 我將在多大年齡可以退休？
- 二、三十年之後，我的健康狀況及體重會是怎樣？
- 五年後，我的人際關係會是如何（包括伴侶、孩子、同事、員工、上司、朋友）？

五、微笑是人永遠的魅力點

微笑富有魅力，招人喜愛，它被人譽為「解語之花，忘憂之草」。

如果你學會對這一天中每一樣新的事物微微一笑的話，就會發現原來生活並不是我們所認為的那樣糟糕。因為，在你用微笑面對一切好與不好、壞與不壞、對與不對的時候，這一切也都在用微笑回應著你。

一位職場成功人士曾半開玩笑地道出他的成功祕訣：「如果長相不好，就讓自己有才氣；如果才氣也沒有，那就總是微笑。」「微笑是最好的名片」，它能增進溝通。只要你每天醒來

在鏡子面前微微一笑，你就會發現我們每天早晨醒來後一切都已經是新的了。太陽是新的，空氣是新的，花草是新的，樹木是新的，就連每個人的面孔都是新的。

飛機起飛前，一位乘客請求空姐給他倒一杯水吃藥。空姐很有禮貌地說明了現在飛機還沒有完全進入平穩飛行，並表示十五分鐘後將把水送過來。

好長時間過去了，飛機早就已經進入了平穩飛行狀態。就在這個時候，服務鈴緊促地響了起來，空姐猛然意識到忘記給乘客送水了。

當她來到客艙，看見按響服務鈴的果然是那位乘客。她小心翼翼地把水送到那位乘客面前，面帶微笑地說：「先生，實在對不起，由於我工作上的疏忽，延誤了您吃藥的時間，我感到非常抱歉。」

這位乘客抬起左手，看著手錶說道：「怎麼回事，有妳這樣服務的嗎？妳看看，都過了多久了！」

空姐手裡端著水，無論她怎麼解釋，這位挑剔的乘客都不肯原諒她的疏忽，她感到很委屈。

空姐為了彌補自己的過錯，每次去客艙給乘客服務時，都特意走到那位乘客面前，面帶微笑地詢問他是否需要水，或者別的幫忙。然而，那位乘客並不理會空姐。到達目的地，那位乘客要求空姐把留言本給他送過去。

此時這位空姐雖然覺得很委屈，但她還是表現得非常有禮貌，而且面帶微笑地說：「先生，請允許我再次向您真誠的道歉，無論您提出什麼意見，我都會欣然接受您的批評！」那位乘客準備說什麼，可是卻沒開口，就在本子上寫了起來。

飛機安全降落，乘客陸續離開後，空姐正要準備接受批評，沒想到，當她打開留言本，卻驚奇地發現，那位乘客在本子上寫下的卻是一封給她的熱情洋溢的表揚信，因為乘客完全是被她每一次真誠的微笑感動了。

　　真誠的微笑可以將如此挑剔的乘客打動，可見，堅持以誠待人，那麼肯定能夠收到意想不到的驚喜！記住在生活中千萬不要吝惜你的微笑，因為微笑是促進人與人之間溝通致勝的法寶，它可以喚回別人的寬容和理解，甚至博得信任、傳遞愛心。

　　多年前，在美國曾發生一件轟動社會的新聞：有個路人把四萬美元現款給了一位素不相識的加州小女孩，後來，小女孩在家人的再三追問下，終於若有所悟地說：「他好像說了一句話——妳天使般的微笑，化解了我多年的苦悶！」

　　原來，路人是個富豪，但過得並不快樂，平時他臉上一直是冷若冰霜的，誰也不敢對他笑。當他遇到小女孩時，她那真誠的微笑使他心中感到溫暖，打開了他塵封多年的心扉。

　　一個微笑價值四萬美元！在許多人看來或許是不可思議，其實這並不奇怪，因為世上最好的語言莫過於微笑。

　　人的一生總會有許多坎坷的經歷，面對事業的起伏、感情的困擾、疾病的折磨和終老的落寞，既然不可避免那就讓我們微笑著去應對吧！要記得微笑是人永遠的魅力。

　　當今社會是一個百舟爭流、競爭激烈的社會，這就註定我們必須敢於挑戰未來、挑戰自我，而想在無數人的競爭中顯出自己的本色，就要時時學著自我激勵，只有這樣，我們才能體會到自己的人生價值，才能體驗到奮鬥過程中的樂趣，因此更加充實自己和完善自己。

【例　題】

1. 我的生活法則如何與健康結合？

2. 我要如何增加自信？

3. 我常常保持微笑嗎？

4. 運動與營養是否要結合在一起？

第二章

家庭財務報表分析與理財規則

收入就好像河流，財富就好像水庫，花出去的錢就是流出去的水，只有留在水庫裡的才是你的財富。要想賺多錢，就要一生養成量入為出的習慣——賺錢是理財的起點。但光會賺錢是不夠的，還要學會投資，要讓錢生錢像滾雪球一樣，生錢是理財的重點。建議把家中的錢分成四部份來經營：

1. 第一份是應急的錢

應該留半年到一年的生活費，這些錢以活期儲蓄的形式存放，當然也可以買點貨幣市場基金。

2. 第二份是保命的錢

應該留三到五年的生活費。這些錢可以採定期儲蓄的形式存放，或者部分購買國債，或是購買臺灣50基金（ETF）。

3. 第三份是閒錢

是五到十年不用的錢，這些錢才可以用來買股票、基金、房地產，以期獲得高收益，當然也要做好虧本的準備。養老保險也可以買，但不是唯一手段，投資基金也可以用來養老。能不能養老關鍵，要看你的水庫中有沒有足夠的水。

4. 第四份是買保險的錢

我這裡說的是買保障型的保險，比如人身意外險、住院保險

和定期壽險等。這樣您在發生意外損失時，保險公司會為您提供補償性的財務支持，否則您家的水庫就有可能決堤了。買保險是為了實現財務安全。

人從小到大，就與理財結下不解之緣，不管是有錢或中產階級，每個人均有自己的一套理財觀。理財的領域包括：銀行存款、共同基金、民間互助會、開店與創業、股票投資、保險理財、債券或票券投資、海外節稅理財、不動產投資與金融、退休金理財。

家庭的理財規劃與財務報表分析兩者之間的關係甚為密切，為了創造高品質的家庭生活，對於一個理財者而言，實在有必要做進一步的了解與學習。

第一節　財務報表的編制原則

財務報表分析就是財務報表所提供的資料在一詳細的歸納與分析，運用比率法、百分比法或金額差異區別法等各種比較分析法，充分表達一個家庭的實際狀況，作為釐定各種投資決策的參考。換言之，就是詳細的指出每一個家庭每月收支狀況、資產負債表、家庭年度性收支等情況又稱為損益表。

人的一生可分成許多不同的階段，從成家立業、滿巢期、空巢期至退休生活等不同階段，由於財富創造的乘數不同。所以，各階段累積財富的方式也不一樣。有些人把人生的理財階段分成長、中、短期目標，長期目標是指從目前至退休所想要達成的大目標，如購屋、教育費、保險費與退休與出國進修或遊學的生活。短期目標則著重在未來一兩年內打算完成的事情，如購車、

旅遊計畫或小孩子的學雜費，兩者彼此有其一致性與連貫性，如何擬定具體且可行的計畫，在現今資產多元化的情形下，對「月光族」而言尤其是重要的事情。

一、編制預算表

編制家庭的財務報表，必須定期記錄收入與支出的數字，保存完整的財務記錄。如帳單資料、統一發票可以用APP下載在手機內、支票票據、醫療單等，其財務記錄必須選擇適合自己的方式作有系統的分類，其蒐集的方式有下列幾個重要準則：

（一）一貫性

一個家庭的收據與發票的保存規劃，必須是全家一起理財的運動，必須有其一貫性，不可朝三暮四，隨便改變記錄的方法。如果前後的記錄沒有一貫性，則會浪費很多時間在資料的整理與分析上。

（二）重要性原則

依據會計學的重要性原則，重要的收支情況，必須逐筆列示與揭露重要交易與記錄，由於資產負債表上的項目是永久帳，保存的時間長。而家庭年度性收支情況是損益表則為虛帳戶，按年就會結清後轉入永久帳的淨值中。

二、掌握個人資產負債的結構

（一）評估個人淨資產價值

透過資產負債表的表達，將資產分成流動及非流動資產兩類，流動性資產有現金、定期存款、壽險現金價值、股票、債

券、共同基金、互助會款（活會）、其他；非流動性資產有房屋、土地、汽機車、珠寶、藝術品古董等，有了市價的估算，才能掌握本身的淨資產價值，才可以評估淨資產的現值。

（二）評估負債結構

對於個人的負債，可分成流動性負債及長期負債二大類，如不能對自己的負債結構有充分了解，則很難作出正確的理財。流動性負債分為應付信用卡帳單、消費性貸款、分期付款餘額、應付互助會款（死會）；長期負債有房屋貸款、汽車貸款、土地貸款等等。

（三）重視資產的收益性與流動性、安全性

評估資產時有效益的資產如：股票與基金，屬流動性資產，必須重視收益性與安全性與風險控管。而固定資產的負債如房地產，就屬於沒有效益的資產，如果把房地產出租就是資產，閒置或是自己使用，就是負債了，這類的資產則比較要重視資金的安全性與流動性。

三、了解個人的收支狀況

個人收支表包括收入、支出及結餘三部分，是指個人在某一段時間內（通常為一年）收入與支出的情況。收入包括薪資收入、投資收入及其他收入等。投資收入來自於股票、債券的利息收入、股息收入或資本利得及房屋的租金收入或是稿費收入；其他收入則包括退休金、保險金、政府補助額、子女奉養金等等。

支出的項目包括食、衣、住、行、子女教育費與日常的生活費、育樂休閒費、醫療及人身保險、小額捐款、交際應酬費用、

所得稅、基金的提撥。像教育基金、退休基金、購車基金等，由於是預估項目多，其實未來並未支出任何費用，而這些各式提撥的基金已顯現在「定存」、「股票」、「債券」、「共同基金」的資產負債表上面。

　　將收入、支出的各項內容估計之後，即可計算出餘額。例如：結餘是正數，則代表尚有盈餘，如為負數則可能要考慮延長各式提撥基金的年限，以達損益表收支平衡。

第二節　了解個人資產負債結構

　　在設定理財目標時，必須深思熟慮與作好風險的管理，愈謹慎關注，風險就會愈小，因為高報酬的投資必會伴隨著高風險。如目標設定錯誤，或是押錯了方向，錯失了機會，將造成奮鬥半天，反而更偏離了當初的理財目標。

　　故在設定目標時，應注意下列幾項法則：

　　1. 收入與支出的金額須結合設定日期作規劃，且金額要量化。

　　2. 收入不高估，支出不低估。

　　3. 重大意外支出需以保險因應。

　　4. 不要以短期資金來因應長期資金之使用。

　　由於房地產投資是一種長期性投資，其特質是變現性相當低，如以短期資金作長期使用，在面臨失業或家庭重大變故發生時，會形成流動性不足資金周轉不靈的現象，當以短期資金用以因應長期資金之用時，會造成以賤價求售房地產方式來迅速變現資金，而投資房地產將形成巨額損失的現象。

　　5. 規劃確定程度較高的固定收入來支應日常生活所需的費

用，才能支應得長久。

收入可分爲不確定程度較高的收入，包括股票資本利得、股利、紅利、績效獎金、子女奉養費等，及確定程度較高的收入，包括有薪水收入、存款利息。用後者的收入來支應日常生活所需的費用，如貸款利息、會錢、稅金及食、衣、住、行等相關必要支出，才能支應的長久。就像向日葵的投資規劃，其葵心就是確定程度較高的固定收入，而花瓣就是不確定程度較高的收入，有可能大賺或大賠。

6. 開源節流是理財的第一步。

開源節流不僅要從習慣、行爲中改變，就連認知與平時的慣性心態、觀念也必須再作調適。家中的生活模式、消費習慣到理財策略，都要仔細且檢討反省出來，一起討論擬定出一套符合自身情況且能長期對抗不景氣的方案（聖杯）。

- ‧把薪水存入活期儲蓄帳戶
- ‧另外開設儲蓄或投資帳戶二個帳戶
- ‧額外收入都用於儲蓄或優先還部分貸款
- ‧避免衝動型消費購買
- ‧設置零錢筒及購買一些外幣存款

第三節　理財的誤區

一、理財是有錢人的事

不要認爲理財是有錢人的事，因爲窮人、有錢人都能理財，養成良好的習慣，去投資，活化錢，讓錢自己去辦事，還要讓錢

去創造一些被動式收入。

二、忙，沒有時間理財

有時間打麻將沒時間理財？當年毛主席都每天記帳，不要說你沒時間，再忙也忙不過主席吧，忙只是一種藉口。

三、理財就是買股票、買保險

所有錢都拿去買股票那是賭博不是理財。保險公司都說自己的產品既有保障又能儲蓄、又能投資，投報率還有4%，屬於整存零付的商品，理財是多元，所以理財是要理自己熟悉的金融商品。要選基金公司還是外匯投資嗎？看自己熟悉的程度而定。

四、錢少，理財沒什麼效果

理財的最佳策略就是「愛惜錢、節省錢、錢生錢，堅持不懈持續完成」，當您有心想理財，馬上開始，財就會來跟隨您。

五、我不懂理財

不懂可以學，理財並不難，任何時候開始學都不晚。

六、理財就是發財

理財和發財沒有關係。理財是未雨綢繆，幫助你的財富安全、穩健的增長，達到生活舒適的目標。

七、理財要從眾

理財不能從眾，一定是個性化、客製化的，別人的理財模式

不一定合適自己，理財因人而異，找到自己的個性與時間模式才可以找到自己的理財聖杯。

八、男人和女人理財不一樣

理財是人人一樣的，女人更容易衝動，女人在理財方面儘量克制一些衝動的消費就可以了，如果完全不衝動，就不再可愛了。男人重「分析」，女人重「感覺」。

第四節　六大步驟教你的孩子精打細算

（一）定期發放零用錢給孩子

1. 孩子們會像盼望領工資一樣，渴望拿到零用錢。
2. 嚴格執行約定時間到，才給下一次的零用錢。
3. 要讓孩子珍惜零用錢，懂得以小博大的觀念。

（二）養成記帳或作筆記的習慣

1. 由於孩子可能年紀小，或不知如何記帳，剛開始時，父母可幫助孩子，將未來一星期所需的花費記錄下來，然後逐日補上額外支出項目，慢慢養成小孩記帳的習慣。
2. 等到建立幾次記錄後，慢慢放手讓孩子自己記錄生活的收支。
3. 該步驟的好處是，父母們可藉此檢視孩子的消費傾向與支出偏好，若發現有偏差，可適時早一點糾正。
4. 使用大陸多元支付工具，用手機上的微信QR Code 條碼就

是付款工具，他的每一筆支出，父母都可以完全的了解與掌握到消費傾向與支出偏好，大陸這幾年的發展讓我們理財專家都佩服。

（三）培養儲蓄觀念

（四）開設銀行戶口

1. 郵局就可以開個帳戶，讓小錢融入他的生活。

2. 讓孩子知道金融機構的用途與運作模式。

（五）建立理財目標

（六）給孩子一個錢包

錢包，是放錢及重要證件（如學生證）的地方，讓孩子擁有屬於自己的錢包，讓錢財不露白，也可以增加孩子對錢的歸屬感及珍惜。

你給孩子零用錢了嗎？別忘了，給孩子一個錢包！

【例　題】

1. 被動式收入有哪些？如何創造被動式收入？

2. 買房是資產，還是負債？如何分析？

3. 小孩子需要理財嗎？從幾歲開始就要啟蒙他們對錢的觀念？

第貳篇
開源與節流

**如何開源——薪資、第二專長
與投資**

第一節　穩紮穩打

一、以實力換取別人的肯定

　　開源的第一步就是要有固定收入——薪資，有了薪資才能再談後續的理財活動。雖然在職場上，薪資對每個人而言所代表的意義不盡相同，但穩紮穩打，仍是換取加薪的最好籌碼。

　　以某公司錄用兩名員工甲與乙來比擬，甲的表現光鮮美麗令人印象深刻；乙則擁有任勞任怨的精神，兩人因為工作的態度熱忱而雙雙被錄用。但是，經過二個月後，兩人的表現高下見真章。甲作事浮華，紙上內容豐富，但不扎實；乙有著耐操的特性，穩紮穩打逐漸步入軌道。問起甲何以如此的原因，其表示因為薪資太少，讓他無法全力開發客源，上下班打卡受拘束；乙則沉穩內斂。e時代的新新人類也許自信心非常充足，一味追求高薪高位而陷於迷失中，有如上例所指的甲一樣，實不利於未來職涯的發展。或許我們可以稱甲員工是草莓（外表華麗較無內涵），乙員工則是椰子（外表樸實但有內涵）。

二、謀職的關鍵成功因素

在自我實現過程中，下列的成功關鍵因素是不可少的：

膽大心細，慎選產業前途。

放低身段，歸零心境。

堅持選擇，追求所愛。

肯定自我形象。

虛心學習。

讓生活簡單化，簡稱kiss原則（keep it simple, stupid）。

培養成功習慣。

追求卓越。

三、將開源付諸實現

經濟不景氣，對一個有被裁員或減薪切身之痛的人而言，可能就會努力去思考是否要將不幸的危機化成為轉機呢？由於特別的因素而提醒自己重新推動自己的潛力，例如：開始投稿、當家教或找尋合適的兼職工作也許是另一轉機。

惟兼差也可能違約。在景氣低迷，業務量銳減時，上班族更有閒暇時間可以兼差貼補家用。但兼差會影響員工上班時間的體力、注意力，主管也擔心會有業務機密外洩的後遺症，因而要求員工不得兼差。現行勞基法對兼差並無明文規範，員工下班後要做什麼事情，雇主無權過問，但若兼職可能損及勞動契約的誠信義務，例如：業務機密外洩、影響正常工作等，就可能違反勞動契約的規定。

所以兼差前，必須仔細檢視受雇公司的勞動契約或工作規則

裡面，是否有禁止兼差以及限制兼差的工作類型；若因為兼差而賠上一筆違約金或被迫辭職，就得不償失了。

四、一技之長走遍天下

在這個競爭如此激烈的社會，想要有更多的出路只有兩種方式：第一是多讀點書增加膽識，以因應知識經濟工業4.0時代的來臨；第二就是培養自己的專長。如果念書沒有興趣，則必須培養自己的一技之長，例如：廚師就必須多增加一些中西餐的執照，這樣才能和別人形成市場上的區隔，才能讓自己的薪水提升。

第二節　善用時間的規劃——自我充實

一、跨入職場就業的準備

人生成本常被遺忘，但人生處處是機會，所以人生就像資產負債表，只要能選擇降低成本、增加收入，那你的人生就會有盈餘，但人生有些成本是無形而又感覺不到的，例如：你在職場上，如果仍是少爺、小姐身段，或者仗著關係，橫行霸道，你的人際關係成本，取得合作與支援的成本都會增加，甚至就算成本增加也一樣寸步難行。同樣的，從成本的觀念來看看同年齡的「檳榔西施」，她們在同年齡層中屬於高收入的族群，若以人生成本來看，西施的職場生涯如夏日之蟬，在未來職場很難找到穩當的工作，當然也不太可能自食其力的積蓄養老，也許可能選擇加入特種行業，但這是人生一大損失，所以人生成本無處不在，

有人還日日增加自己的人生成本，卻樂在其中，像一些整天待在電玩店的人，不但耗損了健康、時間與金錢，而且對在學與就業的人來說都是在浪費一天的耕耘，無形中增加了未來升學或財富累積的成本。所以，善於規劃時間、充實專業，能讓你的人生成本降低，尤其在加入世界貿易組織（WTO）後，我們必須面對日益激烈的國際化競爭，目前人才需求以國際貿易、金融投資、研發技術、具有國際證照或具有規劃企業e化經驗的專業人才最為炙手可熱。

離開學校跨入職場就業之前，學生大多會經歷四個階段，即為生涯認知、生涯定向、生涯試探與生涯準備。這是需要國家與社會就業機制、家人、師長的協助，幫助初踏入社會的新鮮人積極展開職場生涯。求職要懂得方法與職場生涯規劃，不是盲目找工作，而是要有耐心和努力的找尋就業機會。根據青年發展署的建議如下：

參加公職考試與公民營企業機構所舉辦的各種甄試，可從考選部公共服務中心的服務電話查詢最近的考試公告，也可上考選部網站參考內容。公民營企業機構之甄選，可洽青年發展署生涯發展科詢問。

（一）尋求就業服務機構協助

各地區均有就業輔導中心或運用各級學校的就業輔導室，以尋求協助。

（二）請求親友與師長推薦

親友與師長是最了解自己的人，請求他們在工作態度上的極力推薦，則可以提高尋找工作成功的機會。

（三）運用網際網路的相關網站與辦理就業事項

在企業國際化的趨勢下，網路的就業資源不容輕忽與錯失，透過人力就業網站、職場生涯網站等資源，無形中擴大了求職者的視野與機會。

（四）在應徵工作前，閱覽各式各樣的求才廣告

由於徵才資訊管道多樣化，如青年發展署發行的「國內外碩士以上高級人才就業資訊」或1111人力銀行、104人力銀行、518人力銀行、yes123求職網，或坊間相關的就業報章雜誌，也是不錯的選擇。

（五）創業

自行或合夥創業會給自己創造更大的財富，但是，事先必須三思而行，有了深思熟慮的思考模式，如先進行市場調查分析、預算控制、經營策略規劃、經營團隊的組合、未來的遠景，還要有具體的創業計畫、籌妥後續的資金，尋覓合作的人才、了解相關的法令，創業前必須事先作好妥善的創業準備，才能增加創業成功的機會。

（六）自願離職或資遣

兩者是不同的，當老闆要求簽下「自願離職」或「優離優退」聲明書前，要小心不要輕易簽下同意書，如成為自願失業者，將會失去很多權益。自願離職，是因為勞工自己個人因素或生涯規劃而離開公司，現行法令並無提供任何福利措施；但被老闆資遣，除了有勞保失業給付，還有免費的職業訓練，職訓期間還可領取每月15,000元的訓練生活津貼。因資遣等非自願性失業，到公立就業服務機構登記滿七天仍找不到工作，就可領取失

業給付。失業給付相當於投保薪資的六成，最長可領六個月，例如：甲的勞保投保薪資3萬元整，那他一個月就可領1萬8,000元失業給付，六個月就是108,000元。但不能同時領取訓練生活津貼，除非職訓期滿仍找不到工作，就可再請領失業給付。

（七）避開陷阱、明哲保身

　　目前失業問題因景氣不振而益顯嚴重，在求職時，老闆利用騙取的身分證，充當人頭開戶供公司使用，或請求職者充當借款連帶保險人或買手機供公司使用等，最後落得人財兩失或債信破產，甚或身陷囹圄。例如：某人曾任職某知名公司副總經理多年，在老闆要求下當上某上市公司董事，其實股權都是老闆的，後來老闆因掏空公司資產，造成公司財務危機，董事除被控背信外，債權銀行為追索債務，查封當時曾為公司董監連帶保險債務人的財產，影響之鉅不可不慎。另有一例則是老闆請某人在銀行開立甲存支票存款戶，支票簿和印章交由老闆保管，結果公司財務陷入危機，債權人紛紛向他索債。某人在求職時，老闆利用人頭開戶騙取手機後再銷往大陸，最後逃之夭夭，變成通訊公司追討保證金、違約金、通話費的替死鬼。職場陷阱，何其多？不能為保住飯碗而讓雇主予取予求，充當人頭或保險人。當老闆要求充當人頭時，除了婉言拒絕外，要有說不的勇氣。

　　開源的第一步就得先有一份安定的收入來源，再將沒有必要的人生成本減少，善用時間，自我充實，讓心態與思維改變，再則尋求外在資源與機會，即是進行理財的第一步。

二、籌措留學經費理財工具要安全

出社會工作後，發現學歷只是一張紙，第一次工作才用得到，但它卻是更多機會的升遷護照，許多人在工作一段時日後，不免想再進修或深造。以美國的商學碩士MBA為例，排名前五十大的私立名校，兩年的學費加上生活費可能要高達10萬美元，折合新臺幣約350多萬元。若是選擇州立的學校，最好的也要準備200萬元臺幣。便宜一些的，在歐洲一年的學費也要100萬元臺幣，所以想存款出國的投資人，必須提早儲蓄理財，且慎選安全性高的理財工具，強迫自己節約，或找出表現穩健且績優的開放基金投資。多吸收理財資訊，才能早日且輕鬆的實現夢想。

第三節　讓好習慣變為自己的貴人

美商宏道資訊亞太暨日本區總裁何經華深信，一個人養成每天少睡兩個小時，將時間用來觀察、思考、反省自我與學習新知，兩、三年後就會變成一個不一樣的人。

他勉勵上班族必須加強培養本身優質的競爭力，自我淬鍊，則未來行情將會看漲。在他的人生旅程中，從臺大政治系畢業後遠赴美國改念電腦科技；接著踏入社會工作，在美商甲骨文服務，但深覺異鄉不是他最終奮鬥的目的地，毅然返回臺灣從零開始。他指出，一個人在職場的競爭力，不是來自老師、父母，而是來自自我淬鍊，設法讓好習慣變為自己的貴人，然後善加做好時間管理與壓力調適，並且有隨時準備明天走路的心態，認真工作，還有愉悅的心情及投入工作的熱忱，再加上有妥適的生涯規劃，掌握人際溝通的技巧，像他就以做自己的千里馬自居，已經

習慣每天睡覺前自我檢視一下今天有沒有學到什麼新知，如果沒有，馬上跳下床找本書看也好，一定要從中吸取一些新鮮的知識。

　　不斷充實自己各項技能，是把「明天就走路」轉化為「明天就上路」的正面思考，由於平日認真做好充分的準備，等到一有自己可以勝任的職位，就全力以赴去說服老闆，讓老闆相信自己是最佳人選，並且將在這個位子要做什麼事情、該寫的執行計畫、要改革的地方、成本如何、回收如何、可能的團隊人選以及問題狀況等都想好了，將這些狀況一五一十分析給老闆聽，機會自然不會外落他人，像臺灣甲骨文總經理一職就是他這樣得來的。

第四節　進修要懂得挖寶

　　「參加職訓班」是很多上班族選擇的充電方法。上過課後，不少人都有花錢當了冤大頭的感慨，不是講師講得文不對題，就是像在參加產品說明會一樣，有用的沒聽到一句，沒有用的倒是講了一大堆。以個人經驗提供一些要訣，希望進修族在付出時間與金錢後，真的能為自己進修加分。首先，了解清楚課程內容，最好再找本相關書籍來看，例如：想學DATA MINING（資料採礦），因為本課程是電子商務行銷的一環，所以報名參加充電課程時，最關心的是資料採礦統計方法及資料庫行銷，但由於課程太難了，講師只講幾句話就帶過。結果，花了一個月上課，卻沒學到想學的。

　　若自己已繳費上課，就只能靠自己挖寶了。其實，主辦單位

請的講師九成以上有專業實力，若碰到辭達意明者，那就恭喜你；若沒那麼幸運，也不要只等著下課，只要多發問，進修還是可以滿載而歸的。只要想想這是自己花錢求學挖寶，沒學到東西豈能罷手？不懂只要舉起手，幾分鐘就可換得二十年的經驗談，還是非常值得的。在職進修應看成是一種自我投資吧！千萬別有認賠殺出的想法，有價的損失不算什麼，進寶山沒挖到寶，無價的知識損失才大呢！

【例　題】

1. 在進修時，要抱持何種態度？
2. 如何運用「貨比三家」不吃虧的策略？

第二章　如何節流

第一節　不景氣的省錢方式

一、隨身帶著計算機

　　經濟不景氣，大家的荷包都縮水了，如何讓自己在開源無效下能節省生活開支，這時就要聽聽過來人的話，分享他們的經驗，並且改變過去的消費習慣。

　　其實要用10元做100元的事，沒有什麼竅門？聽聽婆婆媽媽怎麼說：「精明能幹的女人，就必須隨身帶著計算機，逛街或買東西時先注意價錢再掂掂自己的荷包，最厲害的是可以不花錢就賺到精美禮品。」

　　節流必須是全家的簡單任務，尤其是每一個人都要有此認知，你一定會認為如此斤斤計較會讓自己生活變得刻薄了，什麼地方都要節省。車票240元，哥哥如果粗心丟掉了，就必須從零用錢中扣。妹妹為了節省交通費搭捷運的悠遊卡總是小心省著用，甚至搭一段就下車換免費公車，一天就可省5元，一個月就可以省下300元左右，她的私房錢也增加了。媽媽以前只要逛一趟街，看到什麼都心動，現在則從節流習慣做起，不斷催眠自己，只要欣賞不一定要買回去，自己多站一下欣賞美麗的別針，

也算是給老闆捧場，自己心想不花錢也能享受櫥窗美景，吸收流行資訊。百貨公司不斷以贈品吸引消費者提前消費，故把蒐集來的贈品券以不花費成本的方法換得商品，而非為了兌換贈品又順便意外買了不需要的商品。因此，消費者必須告訴自己，不要因拿了贈品而買了些沒有用的東西，那才虧大了呢！

再者，拿了那麼多的贈品，作什麼用途呢？試想：每月清一包用不著的東西──如書、衣服、飾品、背包或是與朋友開跳蚤市場，也算是作一種良性的人際互動，很不錯吧！

等東西清出去時，媽媽深深的發現了一件事，家中空出了許多空間，原來，女人一直用一些很便宜的東西占據了非常昂貴的屋子的空間呢。但是，一定要如此斤斤計較嗎？把自己的生活品質變差嗎？如此是否也讓總體經濟變疲軟了，雖然有消費、購買才能活絡產銷，有益社會繁華，但重要的是，你必須想一想，自己適合什麼樣的生活，如果那是有錢人家的生活方式，就讓他們去活絡經濟與產銷經濟吧！如果家中有人失業或可能失業，單薪家庭就必須過著省錢的生活，省夠了錢再促進我們的產銷經濟吧！

在當今的社會當中，要維持一個家庭的經濟負擔逐漸困難，除了從奉養尊親長輩，到生育、養育、教育子女、購置房屋等基本的必需品支出之外，其他的奢侈品消費，如購車、添購家居用品、每年一次全家旅遊，以及希望退休後，仍要擁有彩色的銀髮族人生等花費，以增進生活品質與情調。可是這些物質的享受得依賴資金，「由儉入奢易，由奢入儉難」，要使個人資金累積並做到量入為出的觀念，即是運用「理財規劃」中的開源與節流。在經濟與科技迅速發展的今日，各項金融商品不斷地擴張，不管

是怎樣的投資理財方式，人們都希望藉此累積財富，提升生活品質，進而滿足自己的慾望，但個人的投資理念及對商品的了解層次不同，所投資的方向可能會因為不同年齡、職業、地區、受教育程度、經濟狀況等，投資的結果也不相同。

二、降低支出、理性消費

不景氣，賺錢不易，花錢就不能憑感覺，專家建議：隨時要建立預算消費的習慣，新貧族首先要能克服廣告的誘惑，如果打定主意出門消費，記得列好購物清單，出門後直奔目的地，荷包不帶多餘的錢；甚或，剪掉多餘的信用卡，絕不動用信用卡的循環信用，同時也取消家人的附卡，免的有人替你多花錢，購物時要多方面比較，尋找便宜的消費管道，例如：往上游消費以減少剝削，把握換季拍賣或周年慶的折扣。

記得時間與空間都是金錢，利用便宜消費購進的存貨，必須建立明細表，例如：什麼時候買的？購買的管道、價格均要一一記錄，一來不會重複購買，其次不會放到過期，最後更可以作為下次消費比價的參考。

善用周遭免費資源，時常與朋友或親友互通有無，來個禮物交換或好康互相通報，多利用公共資源，如坊間的書籍、報刊、光碟、視聽帶等。新貧族不妨善用私人藏書及各類圖書館或企業資料庫，運用免費的方式上網查詢，則大量免費的資訊便唾手可得。

第二節　貨比三家不吃虧

　　傳統的購物與現在林林總總的線上購物，都令人耳目為之暈眩。e化時代的來臨，想買汽車的人可以在網路上找到當地任何一個供應商，以最低廉的價格成交，也可以直接向傳統的經銷商購買實品，購車的選擇方式更多樣化了，消費者可以打破沉默，在無形中也形成一股主控的權力。消費者最樂見廠商競爭與廝殺了，尤其是在不景氣的年代，有競爭則可以想見廠商會因競爭而將價格壓到最低。所以，如果你是精明的消費者，你就必須掌握看清廠商的競爭手法，廠商把消費者區隔成不同的顧客群，如航空公司會推出各種價格的飛機票，讓部分消費者願意付出他們願付的最高價錢。電腦軟體公司以低價的「標準」版招待精打細算的消費者，另設有高價的「豪華」版以吸引注重身分品味的顧客。因此，貨比三家不吃虧的原則如下：

一、不要一時衝動而購物

　　在網路上購物，或從上網中獲得較多的資訊時，其實當你在線上瀏覽你要的商品時，如旅遊的飛機票，或汽車的車款時，廠商也在靜靜的摸索著你的消費習慣與弱點喔。試想，麥當勞的快餐店行銷哲學是「要附帶買包炸薯條嗎？」這一招可能用在你的生活購物中，附帶買了自己並不需要的東西回來，而形成購後失調的現象。

二、別被噱頭騙了

　　廠商善用差別取價的定價策略，來吸引不同市場區隔的消費

顧客，廠商很清楚的加以設定不同階層的價格，目的往往在誘使那些專門撿便宜的消費者上門，他們差別取價的目的在於區分哪些是注重身分象徵的顧客？哪些是喜歡殺價的顧客？因爲自認是有身分地位的消費者會乖乖掏腰包買豪華版的商品，這對廠商而言，這些顧客的邊際利潤必大。但是，小心，對於一般喜歡殺價的顧客，廠商也有一套策略，便是在兩種價格下，另定出一套價格，平價版的電腦軟體稱之爲「標準」；中價版稱爲「專業」，最貴的則稱之「典範」，喜歡殺價之顧客以爲用中價位就可買到「典範」版，其實「標準」版就已經夠棒了！

三、貨比三家有必要

消費者在多樣消費的選擇下，例如：傳統的購物或網路購物，其中眞是花樣百出，精明的消費者甚至被廣告所蒙蔽，弄得消費者在購買商品時造成選擇性的錯誤及認知的錯誤，買了沒有必要的東西。更可怕的是，你原本信任的廠商隨時爲留住你而不時寄些推銷信，希望你再次光臨，同時提供你最優惠的待遇，但是，當你換了另一家賣同樣商品的公司，問其是否也有最優惠的待遇，卻發現，目前換的這家公司的金額比你當時以爲可以依靠的終身廠商還更優惠呢。所以，隨時查詢與檢視你身邊一直信賴的銀行、律師、醫院、醫生、保險、理財顧問的價格，有必要貨比三家嗎？答案是：有必要。

四、拒絕預付的廣告

由於競爭激烈，各行各業不時推出新花招以招攬客戶，如利潤共享、預付信用卡點數、預付租金／汽油費等，這無意是要你

多付錢、多消費，在沒有精打細算下，白花花的銀子就飛走了。

五、善用優惠券折扣

　　如果你是某大公司的職員，如臺積電、臺電、中油……員工，總公司常與重要的旅館或飯店、餐廳、遊樂中心、航空公司有策略聯盟的方案，在付款處要問問有無優待，或是否可使用優惠券的折扣。一開始就要抱著殺價不成功就不買的心態，先從價格中對折殺價開始，再開始談判價格，上加或下壓一些，若談不攏大不了不買。

第三節　善用助學貸款

　　政府開辦就學及助學貸款的主要目的，在於協助中低收入的家庭子女能接受高等教育，以減輕其籌措教育費用的負擔，並對無力籌措子女教育基金或在現今高學費制度下的一種建立學生權利、義務對等的自我負責認知態度的貸款制度。符合資格的學生，可持學生證、繳費憑單，新生則憑錄取通知單、繳費憑單及國民身分證、戶籍謄本、印章等與家長（為保證人）至經辦的臺灣銀行或高雄銀行任一銀行的分行辦妥對保手續，憑借據或銀行所開之證明向學校申請暫予緩繳學雜費、實習費、住宿費及書籍費。由學校造具清冊送達給財政部資料中心審核後通過者，憑學校所發名冊即可由銀行撥款，如未通過者，則由學校通知學生補繳學雜費。

　　其申請條件如下：

　　・學生本人及家長（或監護人）含配偶一年所得合計不超過

114萬元；或家庭突遭變故無力籌措學雜費者。優惠期間之利息，由教育主管機關負擔金額。

・操行成績在乙等以上。

・未領有全額公費或獲得政府主辦之其他相關就學貸款者。

・若僅為半公費或請領教育補助費者，可貸款金額則為扣除公費或教育補助費之差額。

第四節　花小錢度個優質的假期

在最近經濟不景氣，不論是機票價格上漲或交通狀況的惡化，再再使休閒生活的品質下降，如何在節流的情況下，也能享受到優質的假期，如果是國內旅遊，規劃兩天一夜的時間，在作行前飯店規劃時，不妨考慮臨近住家的飯店；兩天以上行程再考慮其他縣市的飯店，同時應注意是否有免費停車、免費機場定點定時接送等服務。

所以，在規劃旅遊時，必須把飯店的服務、周遭的環境及價格作全盤的規劃，對於中南部的消費者而言欲到臺北觀光，最好選擇在捷運站附近的飯店，不論是外出遊玩或購物，都可節省不少計程車資，如想去看世貿展覽，則臺北君悅、遠東國際飯店及馥敦飯店等均是不錯的選擇。

善用飯店內的設備且有效運用飯店的氣氛，一樣也可過一個優質的假期。一般的飯店大約在下午三點鐘登記，早些進入，可以早些享受內部的設備，不妨先去使用飯店內的游泳池、三溫暖、蒸氣室或健身房活動，因為大部分這些設備都是免費使用的，洗蒸氣澡時可以在浴室內免費使用飯店提供的沐浴鹽，洗完

澡後，到了晚上六點鐘要用餐時，不妨先預訂晚餐座位，由於住在飯店的遊客均有特惠價格，大約在900元到1,000元左右，如果不想花大錢享受，也可以選擇飯店提供的自助晚餐。

現在有些大飯店也有最流行的SPA療程，是女士最好的享受，在訂房時最好就先預定，每個單一療程的價格都壓得很低，大約在900元至5,000元不等。享受了晚餐後，遊客可以到飯店PUB或酒館去逛一逛。

在就寢前，注意飯店的氣氛，先向服務中心詢問第二天早餐的用餐時間，早上要看什麼報紙，在登記時，就先向服務中心告知。如果要在飯店待久一點，則可以先將行李打包整理好放在房間內，就可以到其他地方去玩，把退房的時間延長至下午二點，一般飯店也會同意的。

小費可在服務生幫忙送行李、停車或整理房間時給付，每次大約是在新臺幣100元左右，如果不給也沒有關係。在飯店中也有託嬰的服務，其收費大約是二小時600元以上。

又國內機票漲價，倒不如出國旅遊還比較划算，有下列幾項要點：

1. 愈早訂票愈便宜。

2. 把握促銷優惠。

3. 多比較，貨比三家。

4. 分段買票。

第五節　好記憶不如爛筆頭

一、不夠聰明的人用聰明的方法

由於在資訊發達的時代，生活的步調加快，每一個人的時間都變得非常寶貴，與人溝通連絡也逐漸改以手機簡訊、電腦網路的電子郵件傳送，甚至理財的工具也逐漸採用網路下單的方式達到理財的目的，隨時就會有趕不上時代的失落感。時代進步的腳步快速，每個人似乎有一些生活上的盲點，或是自己無法突破的「罩門」。但是，不夠聰明的人可用小技巧來改善記憶不好的缺點，找一些方法，如隨時養成帶小筆記的習慣，一想到，就馬上把重點或當日要做的事情快速記錄下來，做完就逐一消去。一則可以減少自己記性差所產生的失誤，二則可以讓自己的生活有一定的步調，使生活更具有效率。只有把自己當「不夠聰明的人」用心去尋求「聰明的方法」，才能讓生活與細心結合而開創美好生活。養成隨時將要做的事情記在筆記本上，做完就逐一劃去，未劃去的事情繼續追蹤，故稱為「好記憶不如爛筆頭」。

二、養成帶小筆記與隨時記錄的習慣

有一種記事本其內容是將一個月內所有的行程與財務狀況規劃在一本小冊子中，你可以根據小冊子內的做法，將每個月的生活習慣點點滴滴的記錄下來，隨時追蹤、隨時反省、隨時補充。下個月又是一小本的小冊子，將它隨時追蹤、隨時反省、隨時補充，若養成以上習慣，則理財的方法會進步神速。

三、理財規劃就是把錢放在刀口上

　　妥善的理財規劃乃是維持家計生活能力必要的財務策略規劃，並妥善運用資金，使得支出達到效用極大化的家計財務管理與投資。其投資的程序，首先是對於投資標的物有所認知，接著對投資風險進行評估，再接著考量未來每個人生階段所產生的資產與非資產流量，將「錢放在刀口上」的投資策略，使得該投資方案能夠以最小的資本挹注，而產生資金流入效益極大化的價值，期能符合財務需求及理財目標。

【例　題】

1. 如何善用診斷證明？
2. 如何花小錢去旅行？
3. 如何運用網路找到旅遊機票？

第三章　信用卡節流效果

第一節　重視信用卡紀錄

　　申請信用卡時，要重視信用卡信用紀錄，不要爲了索取禮物，而造成擴大信用；或是一不小心將信用卡遺失，而沒有迅速的申請掛失止付，如果成爲犯罪集團的作案工具，則更是得不償失了！如果申請信用卡，單純是爲了索取禮物，之後又將多餘的信用卡剪卡寄回給原辦理的公司，如此的動作對總體經濟而言，也將造成資源的浪費。

　　根據消基會統計申訴案件中，其中信用卡糾紛凌駕以往的購屋或購物糾紛之上，不論受害者是消費者或發卡銀行，都將造成信用上的損失。信用卡的卡數其實不必多，只要三張卡即可，將信用卡分成不同的三種刷卡期間，如月初一張、月中一張、月底一張。消費時愈是接近月初期間則刷月初的那張卡，則可以將信用卡的借貸期間延長至一個月或一個半月呢，如此的規劃可以透過上網作預約付款（SSL）的方式，一則可以控制付款時間，二則不會有違約款出現，再則不要將信用卡點數回饋的權益睡著了，目前以累積點數回饋給消費者的發卡銀行有中信銀、慶豐銀、臺新、匯豐等十多家，雖然，各家活動名稱不一，但持卡人消費至某一點數即可向發卡行要求兌換禮品。而點數有一定期間

內必須兌換，否則視同放棄。但是，有些持卡人根本沒有時間去兌換獎品，或是禮品派不上用場，如此，銀行就可以省下這筆贈品成本，日積月累，也為發卡銀行省下了一大筆費用，這些「真回饋，暗省錢」的行徑實令人不齒。所以，發卡銀行實有必要反省如此的行徑是否會失去更多的商機與客戶，發卡單位不能一味主張是消費者將權益睡著了。有鑑於此，發卡銀行則應採取主動通知卡戶兌換禮品時間，或寄出明顯的兌換券送到卡戶手中；相對的，持卡人若點數累積到足以兌換禮品時，就別讓自己的權益睡著了。

根據聯合徵信中心的資料調查，凡是申請信用卡的張數或有違約款或發生卡片盜刷而形成的「爭議」款時，雖然不是自己違約造成的違約款，但一樣會造成在未來信用貸款、助學貸款以及未來創業的徵信信用上的損失。所以，要善加保管手中的信用卡，且重視自己的刷卡紀錄。

負債（如預借現金、透支）如果對未來無法創造效用，即便是一卡在手，現金周轉不求人，仍要選擇利息較低及手續費低的信用卡貸款，才不會因為創造了負債，而形成「以債養債」的地步。

第二節　信用卡的分類

一、信用卡分類

「信用卡」對國人而言並不陌生，許多人已經有使用信用卡的經驗，不過因為這個名詞亦經常被誤用，把它和一些發卡公司

或百貨公司發行的「會員卡」或「簽帳卡」混為一談。信用卡是由金融機構所發行，除了具備和簽帳卡一樣取代現金的「支付」功能外，更具備僅有金融機構所賦予的「信用」功能。擁有「先消費、後付款」，信用卡的付款條件更具彈性，也使金錢的調度更為靈活。所以投資人不妨把平時日常的一些支出，如繳交行動電話費或保險費，改以信用卡支付，不但可以延長支付的期間，又可累積紅利和爭取抽獎、對獎機會，可說是一舉數得。

二、信用卡的主要功能與優點

（一）預借現金

如何預借到現金呢？持卡人必須親自攜帶信用卡及身分證，到發卡銀行的總行或各分行辦理，在國外時，則可利用當地貼有VISA／Plus、Master Card／Cirrus標誌的自動櫃員機或向VISA／Plus的各會員銀行預借現金，滿足緊急要用錢的需求。

（二）紅利回饋

採「扣抵年費」的回饋方案者多是想要留住持卡人的銀行，如上海儲蓄銀行，第一年免年費，之後每一年內消費次數累計四次（含）以上，或白金卡年消費逾2萬元，金、普卡年消費逾1萬元，即可享次年免年費。

對刷卡數額較高的消費者較具優惠。因此「現金回饋」改善了「扣抵年費」的缺點，強調的是「刷得愈多，現金回饋愈多」。

（三）失卡零風險

失卡零風險指的是當信用卡不慎遺失或遭竊時，持卡人只要

立即致電向銀行申請掛失，信用卡被冒用的一切損失就由銀行負責。

　　例如：匯豐銀行對持卡人的信用卡遺失、被竊、被搶、詐取或其他遭持卡人以外之第三人占有情形，僅需遵守誠實信用原則並辦妥掛失手續，所有失卡所造成的被冒用、盜刷的金額，均由匯豐銀行負擔。

（四）道路救援服務

1. 用信用卡打電話

　　全球六十多個國家，持卡人可透過VISA PHONE或MASTER PHONE，在當地撥接號碼，並且享有較優惠的電話計費，費用將直接列在信用卡帳單上，不必擔心零錢不夠或無法投幣，目前幾乎所有發卡銀行皆有此項服務。例如：玉山銀行服務原則為現場需認卡、認車、認人，服務時間為一年三百六十五天二十四小時，服務地區為臺灣本島一般車輛能行駛及作業之道路，未經申告之車輛不提供免費服務，由車主自費，其中服務項目為汽車拖吊、接電啟動、代送燃料油及送冷卻水服務、更換備胎及充氣服務、開鎖服務。

2. 道路救援

　　開車族使用信用卡比例愈來愈高，除了可以繳交汽機車罰單外，車輛道路救援服務也逐漸獲得持卡人重視，發卡銀行在一定距離內，為持卡人拋錨車提供拖吊服務，就是所謂的車輛道路救援措施。如持卡人愛車拋錨時，不必擔心救援無門或被拖吊廠任意開價敲詐。車輛道路救援服務，主要是免費拖吊服務或者拖吊算里程費優惠等兩種方式，部分發卡銀行還提供緊急修護費、入

廠維修折扣等額外優惠措施。持卡人在申請道路救援時，不妨注意免費拖吊的里程限制和拖吊方式，如表2所示。

表2　主要發卡銀行車輛道路救援報價的情況

發卡銀行	信用卡與道路救援服務專線
花旗銀行	0800-036-111（7折優惠）
第一銀行	0800-024-598（一年2次）
華南銀行	0800-018-885
彰化銀行	0800-000-333
兆豐銀行	0800-093-999
新光銀行	0800-003-300
匯豐銀行	0800-077-006
永豐銀行	0800-020-050
玉山銀行（行遍天下道路救援）	0800-011-885
臺中銀行	0800-619-000（1次）
聯邦銀行	0800-069-688
臺新銀行	0800-066-885
台北富邦銀行	0800-099-885（可以免費拖吊里程50公里）
中國信託銀行	0800-000-685（一年3次，每次50公里）
渣打銀行	0800-254-885
國泰世華銀行	0800-024-598
元大銀行（全鋒客服）	0800-096-111
合作金庫	0800-033-175（商務卡50公里）
凱基銀行	0809-003-288（1次免費）
日盛銀行	0800-865-168
遠東銀行	0800-065-959（不限次數，50公里）
上海銀行	0800-000-109
高雄銀行	02-8772-1133，0800-007-222

表2（續）

發卡銀行	信用卡與道路救援服務專線
臺灣企銀	0800-255-855
Ford（福特汽車）	0800-211-977
KIA（運通）	0800-000-977
Honda（南陽汽車）	0800-090-807
Jaguar（捷豹）	0800-666-678
Hyundai（現代）	0800-055-006
Lexus（和泰）	0800-022-111
Mazda（馬自達）	0800-022-111
VW（標達）	0800-071-777
GM（GMT）	0800-003-369
Volvo（凱楠）	0800-406-180
Mitsubishi（中華）	0800-030-580
Infiniti（裕隆）	0800-333-399
Toyota（和泰）	0800-022-111
Saab（商富）	0800-025-222
行遍天下道路救援組織	0800-254-085
TMS全鋒道路救援組織	0800-010-010 (0800 鈴一鈴 鈴一鈴)

資料來源：本作者整理。

　　其實，只要善用信用卡免費拖吊服務，一毛不拔的卡友，就可以省下一大筆錢。不過，使用信用卡免費道路救援服務也有條件，多數的銀行都要求持卡人必須事先登錄車籍資料，沒登錄，到時候還是得乖乖繳費。一般信用卡的免費道路救援服務，會先要求持卡人，必須事先透過電話或者是傳眞的方式，登錄車籍資料，並且在登錄的三至五個工作天，該項免費服務才會生效，而且道路救援時，業者也會要求要看卡。

信用卡提供的免費道路救援，在使用上較常見的限制，就是免費拖吊公里數的限制，例如：如果超過免費拖吊的里程數，1公里會加收40至50元的費用。

目前大多數的銀行白金卡，都有提供免費的拖吊服務，同一縣市多半不限里程數，跨縣市則會有限制。

就白金卡而言，跨縣市免費拖吊里程為50公里，金卡則在20至30公里不等，也有些銀行的金普卡會員，必須繳交一筆費用，才能享受同等級的免費拖吊服務。又，如果有使用特殊救援器材，例如：車子掉落山溝，非一般救援可以支應時，拖吊業者也會現場評估報價，這部分就得額外收費。

聯邦銀行信用卡中心資深經理陳明智提醒持卡人，目前僅有極少數白金卡接受現場登錄，多數仍要求事先登錄，因此，要保有免費道路救援服務，事先登錄車號最要緊。此外，還要記錄道路救援求救號碼，避免臨時出狀況，不知道打給誰，最後還是要被其他拖吊業者剝皮，或者假日期間銀行信用卡客服人力不足，浪費等待時間。

而車子拖吊方面，兩輪拖著走的拖吊服務，車子容易受傷，有些銀行提供卡友四輪全載的服務，如果到時候發現拖吊業者沒有提供四輪全載服務，也可進一步要求。卡債效應，使得未來信用卡的相關優惠措施將會陸續縮水，對於既有信用卡的優惠內容，應該先了解清楚遊戲規則，許多的銀行信用卡優惠權益有所變更，注意相關訊息，才是聰明持卡人。

3. 運用妙方

如何讓這麼多張卡片在道路救援服務上，發揮到極致？有三妙招可運用。

(1) 每張信用卡登記不同汽車，常開的汽車最好有兩張不同卡片登錄，其餘卡片要登錄經常乘坐的親朋好友車子，萬一發生事故，只要持卡人在車上，不論是否為駕駛人都可適用。

(2) 多利用附加服務，缺水、充電、送汽油、開車門鎖等，一般不收費，只是油錢必須由駕駛人負擔，以信用卡支付即可。

(3) 若超過公里數，可採用接力拖吊。道路救援業者說，一旦超過免費公里數，卡友身上還有其他家銀行白金卡，就可以在快用完免費救援路段時，提前5至10公里，預約下一部拖吊車。

三、愛車就幫它買附加險吧！

國人在購買汽車時，除了強制汽車責任險必須加保外，頂多只會加買汽車車體損失險，或是汽車竊盜損失險。但是車體損失險的保障範圍分為甲式、乙式、丙式車對車碰撞及車體碰撞損失險，其中甲式為碰撞、傾覆、火災、閃電、爆炸雷擊、拋擲物、墜落物、第三人非善意行為、不屬於保險契約特別載明不保事項之任何其他原因下所造成汽車車體損傷。

乙式如甲式但是少了第三人非善意行為、不屬於保險契約特別載明不保事項之任何其他原因。丙式車對車碰撞為車輛發生碰撞及擦撞，若對照車輛肇事逃逸，一經憲警現場處理且經保險公

司查證屬實者。車體碰撞損失險為被保險汽車在本保險契約有效期間內，因發生碰撞、擦撞所致之毀損滅失，本公司對被保險人負賠償之責。

所以車子因為颱風、豪雨造成的車體損害，因為保險內容僅止於第三人非善意的行為或是不屬於保險契約特別載明，只購買汽車車體損失險的車主，就不能獲得一分一毫的理賠金。因此產險公司也推出不同附加險種，以供不同需要的車主們選擇。在「汽車第三責任險」部分，車主為了保障汽車所搭載的乘客，多會投保「汽車乘客責任險」的附加險種。不過自從強制險擴大實施後，買這種附加險的人就少了。

汽車相關的附加險種，分別附加於「汽車車體損失險」、「汽車竊盜損失險」與「第三責任險」三類主險中。「汽車車體損失險」為最常見，也是多家產險公司都有推出的，就屬「颱風、地震、海嘯、冰雹、洪水或因雨積水險」。

屬於「汽車竊盜損失險」的附加險中，以「零件、配件被竊損失險」為最常見。尚有產險公司推出「代步車或代車費用附加險批單」，特別針對車主汽車失竊後，必須租車或改搭其他交通工具的費用支出做理賠，但是這類保單通常會有最高金額與日數的限制。產險公司汽車附加險說明如下：

1. 強制責任險：即為政府強制性規定必須投保的險種，逾期未保會罰錢，也就是驗車時所需的那張小卡片，它只有承保交通事故中的車外第三人及車上的乘客，並無承保第三人的財物（例如：發生車禍時，碰撞及對方的車輛損壞，保險公司是不負責賠償對方車輛的損失）。

2. 任意險：即視車主的需求，可任意加保的險種，其大致又

可分爲下列幾類：

(1) 車體險：可分爲甲式、乙式、丙式（車碰車）、限額
　　車體險，其附加險又有颱風洪水險及罷工暴動險，車
　　體損失代車費用等。

(2) 竊盜險：即爲竊盜損失險，其附加險有零配件損失
　　險、免折舊條款、竊盜損失代車費用條款等。

(3) 責任險：即爲第三人責任險，其附加險又有受酒類影
　　響車禍受害人補償險、雇主責任險、乘客險、超額責
　　任險等。

以近日所發生颱風致淹水造成車輛的損害，雖然是投保甲式
或乙式車體險，保險公司是不予理賠的；除非你投保了車體險再
附加颱風洪水險，保險公司才會理賠。

簡單的說，車體險及竊盜險是賠自己，責任險是賠別人，附
加險爲必須已投保其主險才可投保（例如：要投保颱風洪水險，
必須有投保車體險甲式或乙式）才賠。

第三節　使用信用卡的停、看、聽原則

對於相關信用卡債信的法律認識：

1. 停下來想一想——有沒有迫切的需求？確定不是衝動消
　 費？有沒有償還能力？

2. 看一看——有沒有更好的付款方式？要多付哪些費用？使
　 用哪一張卡片最優惠？

3. 聽一聽——若有問題可參考親友意見，隨時吸收使用信用

卡安全及理性消費訊息。

一、如何維持良好信用

影響個人信用條件的因素包括：

1. 客戶紀錄：你是否準時付款。

2. 財力：根據你的財務狀況，評估你的償債能力。

3. 擔保品：一旦你無法償還貸款時，債權人可以得到什麼補償。例如：房貸會以房屋作爲擔保品。信用貸款則沒有這一項考量。

改善你的前三個條件，有助於提升你的信用品質，尤其是前兩項。債權人能從你的信用貸款申請書中，得知你的所得與相關資訊，並且經由金融機構的借款人資料庫（金融聯合徵信中心）了解你的信用狀況。這些資訊可能包括你的付帳紀錄、帳戶數量與歷史、種類，是否曾延遲繳款、被催收，以及逾期卡債等。

所以，你可以從下列方式著手，改善你的信用評級：

1. 收到各式帳單請立即支付。

2. 不要花費無度，借款不要超出你的償還能力。

3. 刷卡消費時，與現金消費同樣謹愼。

4. 更改地址時，要記得通知銀行及相關單位，才能準時收到帳單及付款，避免用未收到帳單作爲未付款的理由。

5. 隨時注意繳款期限，以避免過期。

6. 信用卡的簽帳單請保存，以利每月核對金額。

7. 將存摺、印鑑及密碼分開並妥善保存，以避免遺失或遭竊時被盜領。

8. 堅持每個月刷卡的上限。

9. 將信用卡資料（包括發卡公司的電話號碼）放置在安全地方，以備信用卡遺失或遭竊時使用。

二、理財的開始——一定要記帳

「錢花到哪裡去了？」總覺得花錢的速度像在跑百米路，因為你沒有記帳的習慣，如果平常缺乏預算規劃又沒有檢討支出，月底就會感受到入不敷出的金錢壓力。應開始好好利用方法，幫自己節省用錢及管理金錢。

（一）記帳——理財的開始

（二）檢核——錢花在哪裡？

（三）釐清——需要與想要

    1. 何謂需要？

    2. 何謂想要？

（四）省錢——小錢變大錢

省錢小祕訣有1.大鈔與硬幣分開放兩個包；2.減少外食；3.隨手關燈拔插頭；4.用省電家電；5.領到錢薪水先存一些；6.戒掉奶茶、咖啡及菸酒；7.檢查帳單是否有誤；8.貨比三家；9.賣掉不要的東西；10.如要長期使用的東西，要買品質好的，可以耐用。

（五）信用——利息與債務

    1. 認識債務。

    2. 債務比。

    3. 如何降低負債與利息負擔。

4. 使用信用卡的停、看、聽原則。

5. 如何維持良好信用。

三、記帳為理財的開始——我的收支資產負債表

（一）我的預算編列

1. 月分

就從這個月開始記帳！

2. 收入項目

將這個月的收入，如薪水、獎金、年終獎金等填入此欄，以了解本月可供支配的金額是多少錢。儲蓄投資就是把這一欄當成固定的收入，每個人都應該針對自己的財務目標定出儲蓄投資計畫，如購買基金、定存、黃金，在每個月的預算中提撥一定的比例進行投資。

表3

收入項目
薪水（含津貼、補給與加班費）
年終獎金
中獎（尾牙抽獎、統一發票、樂透、從天而降的意外）
外快（投稿、兼差、打字、清潔工）
利息（銀行儲蓄、現金與股票股息）
投資所得（基金、股票、期貨、黃金等）

3. 支出項目

如當月有一些非經常性的支出，如出國旅遊、修車、年節孝親等費用，記得也要編列預算出來，將這個月的支出分類列出，

並做適度的預算分配。

表4

支出項目
餐食（買菜、外食、零食、飲料等）
衣著（衣服、鞋帽、配件）
醫療美容（醫療、藥品、化妝品、美容保養、理髮）
進修、學習（電腦、書籍、雜誌、文具、學費）
交際、娛樂（電影視聽、紅白帖、KTV）
交通（交通費、停車費）
貸款（房貸、車貸、信貸、現金卡、會錢）
旅遊（簽證、團費、途中花費、沖洗照片）
水電稅費（水、電、瓦斯、各項稅費、規費、罰單）
孝親（長輩定期孝敬金、保母費、孩子的零用錢）
其他（家用品……）

4. 結餘

　　將預算表中的收入減掉支出及儲蓄投資後，即為本月預定的現金結餘，如整張預算表列出後，發現結餘低於預期或甚至為負數，則可以檢視是否有哪一些花費是非必要的，或者儲蓄計畫是否太不切實際，應該加以調整。

四、檢核—— 一個月的錢花在哪裡？

（一）每月實際結算

1. 支出

　　把當月所有的支出都填在本欄，建議可以先填一般支出，把特別支出放在表格下方，再計算本月總花費是否超過預算。

《實作範例》

表5　我的預算──1月

收入項		支出項	
項目	金額	項目	金額
薪水	30,000	房租	6,500
獎金	8,000	水電費	1,000
		紅包（喜）	1,600
		餐飲	7,000
		交通（加油）	4,000
		娛樂	1,000
		日用品	1,000
		美容	2,900
A合計	38,000	B合計	25,000
儲蓄投資項		結餘	
項目	金額	項目	金額
基金	3,000	結餘＝收入項－支出項－儲蓄投資項	
儲蓄	5,000	38,000－25,000－8,000＝5,000	
合計	8,000	本月共省下5,000元（不含儲蓄投資項）	

2. 儲蓄投資

如前述所提，這裡的儲蓄投資在計畫上雖當成支出，但它是一筆可回收的支出，只是回收的時間與金額不同。

3. 結餘

將收入減去支出與儲蓄投資得到的結果就是現金結餘，結餘為負數表示當月透支，必須用以往的儲蓄來支應，是比較不理想

的情形。若連續幾個月皆如此，更應該刪減支出，或檢討預算中
的各項目標。

表6　每月結算—1月

本月收入項		本月支出項	
項目	金額	項目	金額
薪水	30,000	房租	6,500
獎金	8,000	水電費	1,000
		紅包（喜）	1,600
		餐飲	6,800
		交通	3,800
		娛樂	800
		日用品	600
		美容	2,200
		健保醫療費	100
A合計	38,000	B合計	23,400
儲蓄投資項		結餘	
項目	金額	項目	金額
基金	3,000	結餘＝收入項－支出項－儲蓄投資項 38,000－23,400－8,000＝6,600 本月共省下6,600元 （不含儲蓄投資項）	
儲蓄	5,000		
合計	8,000		

五、省錢 —— 讓小錢變大錢

要如何省錢的小祕訣：

1. 如果你時常上館子或外食，不妨考慮自備午餐飯盒，留待特別的日子再上館子。

2. 減少「固定」開銷，例如：提早一個小時關掉空調，使用LED省電燈泡或燈管。

3. 天花板及牆壁儘量選用反射率較高之乳白色或淺色系列。

4. 養成隨手關燈的好習慣，把不常用的插頭拔掉，或是使用有切換開關功能的延長線插座。

5. 冰箱不要塞滿食物，以免阻礙冷氣流通。儘量減少冰箱開關次數及開啓時間；熱的食物放涼後，再放入冰箱。

6. 使用有經濟部能源局節能標章的電器產品。

7. 若你有抽菸的習慣，不妨考慮戒菸。除了有益健康，戒掉每天一包菸的習慣，一年至少可以節省18,000元喔！

8. 你常常撥打手機嗎？改撥一般電話或網路電話吧！每分鐘可以節省6.5元。

9. 設定每月零用金的上限，並堅持執行。

10. 每月薪水都留下一部分作爲緊急備用金。

11. 量入爲出。不要指望未來的收入而去借款投資或消費。

12. 你爲了省錢，要前往特賣會中購物，但是你真的能藉此省錢嗎？別因東西便宜反而買得更多用不完浪費。

13. 新車在第一年就會折損三分之一的價值，如果你需要買車，可以考慮向信譽良好的經銷商買一輛二手車，至少能夠省下幾十萬元。

14. 檢查帳單是否有錯誤而多算。
15. 把一些你以前會花錢請別人代勞的事情拿回自己做（洗衣、假日的保母費用等）。
16. 列出購物清單，並確實遵守執行。
17. 在進行大筆支出的消費，切記貨比三家不吃虧。
18. 珍惜你所有的東西，盡可能持續使用不要都丟棄，用不到可網拍，到二手市場拍賣，學習如何作賣家。

【例　題】

1. 如何列出自己的資產負債表清單？
2. 如何用信封管理或APP軟體來記錄每天的帳目？

第參篇
開源與節流技
巧分析

銀行存款與貸款的技巧

　　人的一生與銀行是息息相關的，有了收入或手邊有了閒置的資金時，就會選擇適合自己理財的往來銀行，作為自己財富增加的開始，儲蓄是積蓄財富的開始，從薪資轉帳轉入銀行存款乃成為國人最常使用的一種儲蓄與理財工具，可見它確實與個人財富的目標達成有密切的關係。根據日本節流風記帳的方式，認為記帳是理財的第一步。經濟不景氣，為了達到自己的人生目標，長遠來看，記帳是一個不錯的理財規劃方式。日本財務規劃師北見久美子說，記帳基本可分為平日與特別日。東方人對於自己的錢財，多半不願和別人交換資訊，完全以自己的知識作決定，不願意記帳。有人則認為為什麼要把自己的生活壓迫的如此緊張，工作後回家還得記帳，覺得記帳是件苦差事，又要隨時了解股票、基金價格等市場動向，以及貸款和資產管理等，實在是太辛苦了，人生苦短，來日無多，應及時行樂才是。家庭主婦如能隨時掌握最基本的日常收支明細逐筆記下生活的動態，其實記帳將有助於整理資料且利於資金的分類。現代人愈來愈長壽，為了能活得更有意義和餘裕，最好盡早養成開始累積正確資料的記帳習慣。所以，記帳是理財的第一步。善用銀行資源，讓銀行變成自己的理財高手，在需要的時候，才能得到銀行的支援，是人人都

要學習的重要課題。

第一節　另類的銀行存款

一、開立投資型外匯存款有限制

一般性存款分為支票存款、銀行同業存款、活期存款、定期存款、可轉讓定期存款。對個人，支票存款開戶規定如下：

1. 無行為能力、限制行為能力人不得申請開戶。

2. 拒絕往來未經解除者，不得申請開戶。

必須向當地票據交換所查詢（退票資料查詢可分第一類、第二類）。

對於公司、行號、其他團體，支票存款開戶規定如下：

1. 公司執照、營利事業登記證、營業稅證明。

2. 分公司應以本公司之名義開戶。

3. 不具法人資格，應以負責人名義開戶，政府機關、學校、公營事業必須以正式公文辦理，私校應備董事會授權書，至於盲人則以代理人方式辦理。

銀行同業支票為金融同業調撥頭寸，委託及清算交換差額，分成淺藍、淺黃、淺紅、淺綠四種顏色的支票，金額為10萬、10萬至100萬、100萬至500萬、500萬以上四種。

活期存款每年6月20日及12月20日結息，500元以上計息，以百元為計息單位，個人、公司、行號、其他團體均可辦理。

定期性存款足月按月計息，不足月按日計息。如遇例假日於次日營業日提取現金時，按有「單利率」另給休假日之利息二

天。要申請存款的繼承，只要提示存款證明文件、死亡證明書（或除戶戶籍謄本）、免稅證明書（新臺幣20萬元以下免付，但仍要列入遺產總額內），就可以辦理存款的繼承了。

可轉讓定期存單有以下的特性：定額發行、分離課稅、中途不得提取、可自由轉讓流通、充當保證金、九成金額內質押借款、遺失可轉讓定期存單比照票據掛失止付辦法，其面額有100萬元、500萬元、1,000萬元、5,000萬元、1億元、5億元、10億元七種。期限分為一個月期為單位（按一個月或其倍數發行），最長一年為限，有記名、無記名兩種方式。存款利息規定活期存款按日計息，1996年7月1日起，一年利息改以三百六十五日計算。

票據掛失止付處理準則，根據財政部1975年5月10日臺財錢第134376號函規定：匯票、本票、支票三種票據掛失止付，投資人必須通知銀行喪失經過、類別、帳號、號碼、金額、止付人姓名、年齡住所。公司負責人必須親自簽名，聲請公示催告證明；止付通知後五日內向付款行提出，否則止付通知失效。付款行應對通知止付的票據立即查明有無存款或允許墊借票款，如有則不受理，止付人於公示催告期滿取得法院除權判決後，請求支付票據金額，以載明抬頭且禁止背書的支票支付。

銀行存款為金融機構的負債，其存款的種類有計付利息的活期存款、活期儲蓄存款、公庫存款及不計付利息的支票存款。投資人為某種目的必須申請存款餘額證明，則要填申請書、蓋原留印鑑；如要英文存款餘額證明者只要加註英文戶名，截止日以申請日上一營業日為限，一般免收手續費，如銀行知道你是暫借頭寸以充驗資金之用時，大都會拒絕你，所以目的很重要。

但值得一提的是外匯存款，由於新臺幣的貶值，則可以鎖住

強勢貨幣——升值的貨幣以避險。但不是所有的人都可以開立外匯存款投資，必須是在國內有居所，年滿二十歲並領有中華民國身分證、護照或外僑居留證者，才可以開戶，它的性質與定存一樣，中途解約且未存滿一個月者，不給利息，存滿一個月以上，按存滿期別的原存款日牌告利率以單利八折計息，外匯存款的定期存款有存單及存摺兩種，但利息收入也和新臺幣定存相同，一起併入全年新臺幣27萬元的免稅額度中。善用銀行薪資轉帳帳戶，由於薪資轉帳是銀行對大額的客戶一種優惠利率，其利率可能和一年期定存利率相當或高於一年期定存利率，再加上資金運用靈活，不受定存中途提前解約打折的限制，建議可將資金在低利率之時，代轉入薪資活儲以增加利息收入，又需要用錢時，就可以解約增加其便利性。

二、投資型定存

所謂投資型定存分為匯率選擇權及股價指數連動兩種，投資人應衡量自身對投資目標的熟悉程度，承作天期也要同時考量。如匯率波動較大，投資期間以三至六個月為最有利多，屬於短期操作、收益立見的投資。股價指數連動型定存多半需要一年以上時間，投資人應決定資金運用的期間、資金的流動性，以選擇合適的產品。否則中途退出不僅達不到預計的投資效果，又會損失一筆手續費呢！

銀行推出「投資型定存」是一種連結衍生性金融商品的定存，提供投資人高報酬的商品，比起股票、基金需要投資人自設停損點還算安全，存戶在利率低檔時可考慮承作。投資型定存在一開始時就設定好遊戲規則，不似投資基金或股市投資人往往有

惜售心態，故在不知不覺中造成的虧損愈來愈大。每一項金融產品未必適合所有投資人，慎選投資工具才能達到理財的目的。投資型定存其主要的精神在於定存本金可得到保障，而將定存的孳息用來投資各種選擇權，藉以獲取高於定存利息的獲利機會，又屬海外投資性質則可以免稅。但這種定存仍有風險，亦有虧損風險，目前在市面上推出的有歐元匯率美元定存，商品是指當歐元實體化形成，造成歐元漲勢看俏時，則可結合歐元匯率選擇權的美元定存。

三、我的信用——利息與債務

（一）認識債務

貸款一般分為兩種：擔保及無擔保。

擔保貸款是指有擔保品作為抵押的貸款，通常擔保品的價值會等於或大於貸款金額，例如：汽車、房屋。

無擔保貸款則是沒有任何保障的貸款，使用信用卡可能是最普遍的個人無擔保貸款。當你使用信用卡購物時，每次刷卡，實際上就是跟銀行借錢來買東西，如果在繳費到期日之前沒有還清，就要開始繳交利息及其他相關的費用。

（二）你能夠負擔多少銀行貸款？

如果你沒有準時償還卡債或貸款，就會對你造成嚴重的影響。延遲償還貸款是很嚴重的事，可能使你未來難以申請新的貸款，甚至還可能導致法律訴訟或影響未來找工作、被僱用的機會。

為了預防這些問題，你必須更明智地使用信用卡，也必須小

心地維繫自己的信用。第一步,就是了解你可以負擔多少的借款。在你要申請新借款之前,你需要認真考慮現階段與未來的財務狀況;然後,計算你的負債比率(我們將在稍後介紹),以設定實際的預算來償還債務。

借錢並非萬萬不能,但是在借錢之前,你應該要先了解以下相關問題:

1. 利率。

2. 是否有其他費用?

3. 能否負擔每個月還款金額?

4. 有沒有其他借錢的管道,例如:利率與其他費用各是如何?

5. 借了這筆錢能否因應緊急情況?或者讓未來更好?

(三)債務比

就是你每月須償還的金額。

負債比率 / 每月稅後淨所得 = 40%

例如:每月薪資為30,000元,每月需要繳納卡債2,000元及車貸2,500元,因此負債比率為:

(2,000 + 2,500)/30,000 = 15%

建議你每月家庭所得淨額(扣除房租或房貸),用於償還債務及貸款的比率最好不要高於15-20%。若所需償還債務包括房貸,整體償債比率最好不要高於40%。

（四）如何降低負債與利息負擔

當你的生活臨時出現財務困境時，可能會一時繳不出貸款。有一些方法可以暫時紓解你的貸款負擔，以免違約、破壞自己的信用。就算是在沒有財務困難時，也有不少方法能幫助你降低利息，甚至盡早還清貸款。

1. 延展貸款

臨時有困難時，可以跟銀行要求，可否寬限三十天或六十天來償還一筆款項。有些債權銀行在這段期間不會要求還款，有的可能要求部分還款，或者要求你支付利息或服務費。

2. 修改貸款條件

債權人有可能願意放寬貸款條件，減少每月償還的金額。你可能要多付一些利息，但減少還款可能讓你準時還錢。

3. 重新融資貸款

重新融資貸款是一筆新貸款，而不是修改貸款內容。新貸款會有新的償還時程與新利率，以反映目前的利率。

4. 整合貸款

這是一種設計用來償還你現有債務的貸款，幫你把所有的債務整合，重新設計利率、還款金額與期限，在你觸法之前解決還款問題。在大多數的情況下，人們會期待每月新的還款金額低於原來支付的總額。可是，你不能誤以為你可以有多餘的錢去背負新的負債。

5. 家庭資產貸款

要小心，一旦你借款太多，可能會失去你的房屋。你是房屋持有人，你的債權人會將你的房子作擔保並延展你的信用期限。這種貸款通常會有較低的利率，且利息通常可以抵稅。

另外，平時的生活中也可以掌握一些訣竅，減少負債、貸款支出給你的負擔：

1. 每個月試著將一項不同的支出項目減少5-10%。
2. 開立一個儲蓄帳戶以供大筆的突發費用，以免擾亂你的預算。
3. 在大筆刷卡消費前，先仔細研究相關規定。
4. 在處理銀行貸款的態度，審慎地處理信用卡卡債。
5. 持續記錄你的收支以確保自己不會再有過多的負債。
6. 努力增加收入。有可能加薪嗎？有可能兼差嗎？有可能賣掉你不再需要的物品嗎？如二手物品。
7. 獎勵自己。脫離負債是一項漫長艱辛的任務，它同時也是一項成就。找個經濟實惠的方法來慶祝你的進步。
8. 養成於領到薪水時先儲蓄的習慣。
9. 找到屬於自己的省錢小方法。
10. 與銀行協商降低你的貸款利率與增加額度。
11. 計畫每二週繳納一次貸款，而非一個月繳納一次，以降低利息支出。

四、貴賓銀行（Private Banking）

根據統計，貴賓理財中心的客戶數過去十三年來每年平均成長44.6%，同時花旗銀行為這些貴賓客戶管理的資產也高達臺幣2,000億元，由於市場商機相當誘人，因此，其他外商銀行在臺灣設立分行據點後，也紛紛積極開發貴賓理財業務。

所謂Private Banking，直接翻譯是私人銀行，金融界通常稱為貴賓銀行，顧名思義，貴賓銀行當然是對貴賓級的客戶提供貴

賓級的服務，所以有最低門檻的限制，對客戶也是服務到家，門檻大約是300萬元臺幣以上，不過這部分所吸收的資金有限，透過國外分行，爲臺灣客戶提供境外理財和資金調度服務的，才是真正的業務重心。銀行表示，雖然貴賓理財業務各銀行推出的服務大同小異，不過，對金字塔頂端的有錢人而言，節稅是首務之急。貴賓銀行爲客戶在國外銀行開戶理財，各種投資收益在國內並無紀錄，無帳可查，當然就沒有繳稅的問題。透過這個方式，有錢人也不必再爲如何規避贈與稅與遺產稅大傷腦筋。因此節稅，可以說是有錢大戶選擇貴賓銀行的一個重要因素，有誰願意捨此方式，在臺灣開立海外戶頭，將自己的財務狀況置於政府可能的監管之下？其次是安全，有些人對於臺灣的前途不太放心，擔心臺灣萬一有什麼動亂時提不出錢來，所以寧願選擇直接到國外開戶。這是絕對不會因爲政府一個小小的開放動作，就建立起對臺灣的信心。投資管道多元，貴賓銀行的財務顧問，會爲客戶進行全球各種多元化的投資理財服務，以分散風險、獲取最大的利潤。不過現在國內准許販售的金融商品相當有限，並不能滿足客戶多元化的理財需求。

　　貴賓銀行可以聯合開戶，夫妻、父子之間聯合開戶，提存方便，一些經常出國、打算移民、子女要出國念書的人，較喜歡採用這種方式。貴賓銀行服務的對象本來是金字塔頂層的客戶，但是一位財務顧問表示，他的客人固然以企業負責人、電子新貴爲主，但也不乏一般公務員和薪水階級，臺灣人的經濟實力不容小覷。

　　目前國內貴賓銀行的客戶約爲四、五萬名，而根據花旗銀行預估，臺灣可投資資產規模在10萬美元以上的家庭數爲四十萬

戶。由於一般客戶的獲利相當有限，在私人銀行未全面開放前，主要將客層鎖定在貴賓理財上，不但可提高獲利，更可發掘未來私人銀行的潛在客戶。銀行推出貴賓理財服務，開放私人銀行國內備表、國外開戶，對於臺北分行實際的營運影響有限，因為這項手續費的計算仍掛在海外分行上。為了提高獲利能力，外商銀行如荷銀、花旗、匯豐銀行及渣打銀行等，國內銀行則以新銀行業者居多，如臺新銀行、永豐銀行及台北富邦銀行等，至於原省屬行庫則較無明顯的業務推出，然不論各家銀行推出的貴賓理財為何，最基本門檻儲蓄戶需達300萬元臺幣的額度或10萬美元，則是大同小異。另外，提供專屬停車位、提現免收跨行手續費、購買銀行匯票、國內外匯款或美金現鈔存提、每月享有兩次或1,000元業務免手續費優惠方案等。

第二節　善用銀行周邊的服務

一、善用金融卡與信用卡理財

　　現行卡片不論是金融卡或信用卡，皆強調卡片多用途，如華信銀行（已合併成永豐銀行）、華信安泰信用卡公司與萬事達國際組織聯合推出「MMA金融信用卡」，首創國內第一張結合金融卡、信用卡及投資理財功能的卡片，持卡人可拿來進行匯款、轉帳，也可雙重使用於信用卡，尚可享受先刷卡後付費，如預借現金後付款的便利，更可依個人享有投資基金、享受紅利加倍、紅利換現金等多元金融服務。

　　以下舉例多家銀行所推出的信用卡，仍以簡易借貸功能為訴

求，信用卡借錢，其預借現金額度在五成以內，恐怕已不能滿足持卡人需求。因此，部分銀行如中信銀、玉山、新光銀，就可以針對持卡人推出簡易型貸款，持卡人只要傳眞通過審核就可取得貸款，還款也可以用信用卡來還款。

信用卡曾經引爆「卡債」風暴，但若能善用信用卡理財，理智地控制每個月刷卡額度不超過自己的負擔能力，信用卡也能化身爲理財的便利工具，信用卡如能在結帳日後刷卡，就可以調度約45天的資金利息，也是一項延期支付的好工具。

（一）無息分期、資金使用更靈活

國泰世華銀行個人金融事業處副總李泰珠指出，有大筆消費需求之時節，如繳交學費、稅款等，可使用信用卡分期付款方式繳付，並依自身狀況選擇所需的分期期數，讓理財資金運用更加靈活。

年輕人初入社會，薪資不高，若能妥善運用信用卡理財，也能幫自己省下不少錢。以國泰世華銀行白金卡爲例，刷5,500元可兌換550點紅利，可兌換市區停車一小時，等值於臺北市停車費約80-90元。

有的信用卡刷費或機票費用可享受使用貴賓室、機場外圍停車優惠、機場接送優惠價、旅遊保險等。若以國泰世華銀行客戶使用國際貴賓室爲例，每人每次價值爲27美元（約合800元臺幣）。機場接送臺北市或新北市，一次價值1,300元不等，臺中一次價值17,000元不等。有的信用卡最遠機場接送是從彰化到桃園機場。道路救援每10公里爲1,300元。機場外圍停車價值，每天爲120-170元。

（二）現金回饋的範圍與比率

習慣到特定商家消費的人，比如常去某家百貨公司購物，可選擇百貨公司現金回饋最多的卡片。有開車需要加油的人，可選擇加油回饋較優惠的卡片。平常沒有特定消費商店的人，則可選不限通路、現金回饋的信用卡。除了比較現金回饋的範圍與比率之外，也要留意回饋的限制，注意銀行規定現金回饋的上限、刷卡金額門檻、特定日期刷卡才能回饋等規定。有些信用卡回饋比率高，但消費門檻需達數萬元，對小額消費者的人來說，現金回饋等於看得到吃不到。

享受刷卡優惠與購物樂趣時，凱基銀行也提醒持卡人要理性消費，充分衡量自己的收支平衡，千萬不要為了一時的享樂衝動，過度使用循環利息，造成無法負擔的後果。高達20%的利息愈滾愈多，可別因過度奢侈浪費多付利息是很不划算。

（三）選擇信用卡一至二張、集中消費

萬泰銀行建議，聰明持卡人可以依自己的消費習慣，選擇一至二張符合自己消費習慣的信用卡使用，集中消費累積點數快，避免過度辦卡限縮刷卡額度。為了謹慎消費，避免消費者信用過度擴張，有些銀行也推出記帳卡，記帳卡使用方法雖與信用卡一樣，不用攜帶現金出門，但是刷完之後馬上從帳戶扣錢，刷卡金額不能超過帳戶裡的錢，因此也沒有銀行的循環利息，同樣每個月也都可以收到刷卡記帳單，適合不喜歡隨身攜帶太多鈔票或是擔心自己衝動刷太多錢的人。

（四）再度掀起一波行動支付熱

以支付型態看來，Apple Pay、Samsung Pay及Google Pay其實是同一類，又稱為「手機信用卡」。它們將你的信用卡、

卡片嵌到智慧手機裡，透過無線通訊近距離技術Near Field Communication（NFC）技術就能在一秒內支付完畢，再讓手機與感應式刷卡機交易。另外，在過程中，它們也以Visa、MasterCard 等國際發卡組織所規範的 Tokenization（代碼化技術），來避免信用卡敏感性資料的外洩風險。

1. Apply Pay

Apple Pay提供iPhone使用者行動支付服務，使用了代碼（Token）技術完成與商家、收單銀行、發卡機構、信用卡銀行之間的驗證與授權。消費者在付款時先將手機靠近刷卡機，並使用手機HOME鍵進行指紋辨識，驗證成功後即可完成付款。較於條碼支付與HCE感應支付，Apple Pay操作步驟更少，結帳時消費者並不需要操作手機畫面，僅須靠近感應機並使用指紋辨識即可，結帳速度更快。目前這七家之信用卡皆可綁定至Apple Pay中，只要商家POS機有提供感應式刷卡機，消費者即可使用Apple Pay付款。最常見的通路為百貨公司、量販店、超市與超商。

Apple Pay在106年3月29日正式在臺灣上市，首波可適用信用卡之銀行有以下七家：

表7

No.	Apple Pay預計上線銀行
1	國泰世華銀行
2	中國信託銀行
3	玉山銀行
4	渣打銀行
5	台北富邦銀行

表7（續）

No.	Apple Pay預計上線銀行
6	臺新銀行
7	聯邦銀行

2. HCE行動支付

　　HCE是把各類卡片模擬於手機中，以手機模擬卡片的方式感應支付，使用者不需額外申請SIM卡、信用卡以及任何紙本表單，可以使用手上既有的信用卡申請使用。而且HCE支援暫時性的離線支付，即時付款當下，手機沒有網路環境也可使用。但HCE目前只能在Android手機平臺上提供服務。以下列出目前國內支援的HCE行動支付APP：

表8

HCE行動支付名稱	支援銀行信用卡	上線時間
玉山wallet	玉山銀行	104年12月
t wallet +	臺灣行動支付，適用銀行： 1. 臺灣銀行 2. 合作金庫 3. 第一銀行 4. 華南銀行 5. 彰化銀行 6. 台北富邦銀行 7. 兆豐銀行 8. 新光銀行 9. 陽信銀行 10. 永豐銀行 11. 凱基銀行 12. 臺新銀行 13. 日盛銀行 14. 中國信託銀行	105年08月

玉山wallet早在104年12月就開始提供HCE服務給自家信用卡卡友，其HCE管理平臺為玉山銀行自行建置。而其他14家銀行則使用臺灣行動支付的HCE管理平臺t wallet＋，在一個平臺裡可支援合作銀行的信用卡，目前支援Visa MasterCard信用卡，可於t wallet+平臺註冊使用。

3. 條碼支付

使用者必須先下載各家業者的手機APP，並綁訂信用卡，接著到各業者合作的實體商店，出示手機條碼支付，款項就會立即從信用卡授權扣除。而合作商店必須要有掃描條碼工具，如：紅外線掃描器，並整合POS機，才可提供服務。最常見的配合商店就是超商，四大便利商店各有不同的配合行動支付工具。目前條碼支付的業者數量最多、配合商家最廣，因為其進入門檻較低，商家可利用現有結帳流程中的商品條碼掃描器，並配合調整POS機即可串接支付業者系統。或者在小型商店，支付業者也會提供手機APP當做行動POS機，透過手機拍照功能讀取消費者螢幕上之條碼，並利用行動網路即時連線，此支付方式適合用於中小型商店。

不過行動支付條碼也有其缺點。首先，因為缺乏安全元件關係，消費者必須在連線環境才能透過APP產生支付條碼，目前並無提供離線支付功能。再者，其結帳步驟較為繁瑣，商家可能會因為支付種類眾多，對於各種條碼支付的結帳手順較不熟悉，而消費者在開啟條碼前必須有較多的操作程序，並且在結帳時必須提供手機螢幕畫面給結帳人員，可能會有隱私顧慮。

根據資策會統計，2017年國人最常使用的行動支付前三名分別為Line Pay（25.2%）、Apple Pay（17.9%）、街口支付

（10.4%）。

　　LINE Pay、街口、Pi錢包、旺PAY這類的第三方支付業者則不大一樣，它們通常是採用QR code刷條碼的方式來傳輸交易資料。因此，QR Code的模式較不會受手機型號上的限制，但QR code還得多滑幾下手機、掃描、輸入金額。以目前看來，能較快速走入各個支付場景，算是鋪蓋市場較快的模式。商家就不用另外添購感應式刷卡機，在用戶使用行動支付時，較不會有手機型號的限制。

　　在臺灣，因為法令的關係，把第三方支付跟電子支付業、電子票證分為了三個不同的體系。在大陸，只要非銀行來做這些支付系統，大致通稱為第三方支付，依照的是「非銀行支付機構網絡支付業務管理辦法」。

　　第三方支付，就是你跟我買東西，你先把錢放到給第三人，等到我給你的東西沒問題了，第三人再給我錢。這叫做第三方支付。在臺灣，2016/12/1統計，共有4,124家第三方支付。是的，你沒看錯，是四千多家。（資料來源：http://data.gov.tw/node/22184）

　　電子票證，可以儲值，但不可以轉帳的：電子票證。（悠遊卡、一卡通、愛金卡、有錢卡……）可以轉帳的就是電子支付，不可以轉帳、儲值的就是第三方支付，臺灣的電子支付執照，現在只有發出五張，歐付寶、橘子支付、國際連、智付寶、臺灣支付。

　　我問大家一個問題：

1. 街口，
2. 夠麻吉，

3. Pi，

4. Line Pay，

上面哪一個是臺灣的電子支付業者？

二、善用自動櫃員機（ATM）

銀行近來鼓勵客戶減少臨櫃次數，改用ATM、電話及網路銀行等機器設備。根據國外的調查資料顯示，使用臨櫃服務的成本是每件1.07美元，電話銀行只需0.054美元，ATM及網路銀行更低，分別只要0.027與0.01美元，單從成本考量，銀行不得不誘導民眾多利用機器設備了，以減少手續費支出。所以，銀行運用了很多獎勵或獎金，其目的就是鼓勵客戶減少臨櫃次數。善用網路SSL預約繳納日常費用，或利用ATM繳交信用卡費用，均由發卡銀行代為支付跨行轉帳的18元手續費是很划算的。

三、善用網路銀行交易

在不景氣下，投資人更要斤斤計較，買基金可以利用電話或上網的方式，如此則可以輕輕鬆鬆的理財，不但手續費低廉，而且可以省下搭車前往的計程車或交通費用，只要是帳戶內有餘額，銀行會自動到指定的銀行帳戶中作扣款動作，可說是省時又省力。同時，若能以e-mail取代電話，在網上搜尋好用的二手貨或上網繳交日常費用或信用卡費用，同時，也能免除因忘記繳款而被罰款的風險。

所以，在不景氣時，要隨時記帳及留下憑證，作資源的分配及資金的有效規劃，另外就是要再學習新資訊技巧。記帳可以真正的控制預算，在資源分配上尋找最有效率的投資，而在學習上

更是要多利用時間充實自己。它是一項自我投資，看似在多花錢，實際上是增加自己的價值與技術，如上網學習就能爲自己省下不少的資金呢！

四、善用免費的理財軟體或專業投顧健診

在網路搜尋欄中只要打入「基金排名」，就可知道目前基金的情況，而非等到收到對帳單才注意到基金的投資報酬率，善用網路的便利性，就不會錯過了獲利或停損的時點，在投資過程中沒有絕對的勝算，放長線未必都能釣大魚，唯有隨時定期檢視手中的投資組合，才能立於不敗之地，也才能使個人理財的功力快速升級。

五、銀行付僞鈔可以索賠嗎？

如果民眾在銀行領到僞鈔，應該怎麼辦呢？銀行主管指出，民眾若從金融機構拿到僞鈔，可在舉證後向原屬機構索賠。最好在ATM錄影裝置前一張張的清點，如果有發現疑似僞鈔時，請將該鈔票號碼對準錄影機以錄影存證；同時立即向銀行櫃員反映，並提示該僞鈔，說明提款時間、地點，以便銀行進行查證。

第三節　如何與銀行打交道

景氣不佳，如何去提高自己的信用評等，與最會「晴天開傘，陰天收傘」的銀行婆婆打交道，可得先評估自己的分量，才能讓銀行婆婆樂意借錢給你。例如：你現在預計年收入是多少？想買何種價值的房子，當貸款人向銀行申請房屋貸款時，銀行的

授信人員可能會先評估你的償還能力，及信用是否有過於擴張現象，還有你的家庭狀況、收入與支出情況，是否有能力負擔銀行的利息。

所以，個人的信用不可過度擴張與使用，這就是為什麼大企業不願意將它可以支借的財務槓桿能力全部用盡。俗語云：善用財務槓桿，借力使力，但如果一旦用盡所有的借款能力，將會形成在調度資金時，企業沒有財務彈性，反而被銀行婆婆牽著鼻子走呢！銀行可透過「聯合徵信中心」的紀錄，了解借款者在每一家銀行的往來與債信情形，如果，自己的個性隨和，在人情攻勢下申辦了多張，免年費、送獎品的促銷信用卡，即使剪卡寄回，但沒有辦理註銷，仍會在聯合徵信中心的資料中留下紀錄。所以，要增加你的信用評等，尤其是在現在不景氣的時機，跟銀行婆婆打交道就愈是要謹慎小心，想要與銀行建立良好的互動，必須先建立良好的往來實績，這其中包括各類存款、貸款、信用卡等，最好成為某一家銀行的終身客戶，繳息正常，都能提高個人的信用評等。另外，影響信用評等的尚有信用卡的使用狀況，信用卡重質不重量，為了人情壓力而隨意申請信用卡，之後再剪卡作廢這種情形，已在浪費國家資源，一般信用卡張數以三張為宜。當然，除了以上的條件外，這些評等的條件尚包括是否結婚、配偶有無工作、扶養親屬多寡、學歷、工作年資、擔任職務、甚至有沒有幫人作保、信用卡有幾張等，都是被列入評等的條件。現在，你是借款人，開始推算可以向銀行借到多少錢呢？假設一個五口之家每年收入為180萬元，每人每年的平均開銷為18萬元，一年的總支出大約要90萬元，尚有90萬元的借款實力。如果其他非規則性的支出不計入，則借款實力為90萬元；其計

算過程為180萬元減去90萬元，把90萬元除以十二個月，代表一個月約可能負擔7.5萬元的利息支出，以5%的貸款利息來推估，則你的職業又是屬於不受景氣影響的公務員、醫生、老師、律師等，當然「師公」們貸款還可以再加分，代表貸款的成數也會相對的提高，如此，推算下來則可以貸款1,800萬元左右。若申貸房地產的貸款成數是六成左右，則能夠買到多少價位的房子呢？答案是3,000萬元房價的房子。你自己不妨可以利用這種方法，彈性套入全年的年收入，扣除總開銷數字，計算自己在未來可以買多少錢的房子，才不會跟期望的理想相差太多，而造成財務吃緊，財務缺乏彈性，以致於影響到生活品質。由於銀行業競爭激烈，投資人與銀行往來時必須常常打電話多詢問、多爭取。當利率下跌時，就得主動詢問貸款利率是否有下降，多問、多比較和多主動與銀行往來，是快速取得貸款與降低貸款利率的不二法門。

只要是繳息正常的客戶，銀行多半一次會調降一至二碼，投資人在轉貸時必須考慮轉貸成本，如塗銷、重新設定、代書費與違約金等，如果評估轉貸所節省的成本有限，則要經常向原銀行要求減碼或寬限期延長，以減少資金壓力，雖然承辦行員時有調動，仍要半年向原銀行要求一次調降利率的請求，其累積的成果可能會比轉貸成本要低呢！

第二章　共同基金投資技巧

臺灣的金融市場邁向國際化、自由化之際，傳統的投資工具，如金融機構存款、民間互助會（標會）、不動產、保險、黃金已不能滿足投資人的需求，取而代之的是股票、共同基金、債券、票券、期貨、選擇權、外匯等新興金融商品。然而不同的投資工具都有著不同的特性，如風險程度、獲利情況、流動性及投資金額等。因此投資人從事投資時，務必具備對選擇的理財投資工具之專業知識，才有獲利空間。接著將探討金融機構存款、民間互助會、股票、共同基金、保險等五種投資工具之風險程度、獲利情況、資產流動性等現象之比較，如表9所示。

表9　投資工具利弊比較表

	獲利性	風險性	流動性
金融機構存款	低	低	快
民間互助會	次之	高	次之
股票	次之	高	快
共同基金	次之	次之	快
保險	次之	高	慢

共同基金發源於十九世紀的荷蘭，百餘年來，可說是歐美地

區最重要的投資工具之一。所謂共同基金，就是投資人將自己的資金，交給專業機構操作管理，利用經理人的專業，投資於股票、債券、期貨、權證、存款等投資標的，替投資人獲取利潤的一種投資工具，是一種「共聚資金、共擔風險、共同分享投資利潤」的投資方法。

> 共同基金在我國正式名稱爲「證券投資信託基金」，在美國 通稱「共同基金」（mutual fund），在英國則稱基金爲「單位信託基金」（unit trust），其主要的投資標的有股票、債券、短期票券、房地產、黃金、期貨和選擇權（options）等。現行法令規定，國內共同基金均以股票或債券等有價證券爲主要投資標的，因此基金全名爲「有價證券投資信託基金」，管理基金資產的專業機構則爲「證券投資信託公司」，簡稱「投信」。

> 前收手續費：申購共同基金的同時，額外支付的手續費。

> 後收手續費：贖回共同基金之時，按持有共同基金時間的長短不同而收取差異的費用，通常持有時間愈長，後收的手續費就愈低，最低爲零。

第一節　共同基金的種類

一、依投資標的區分

依投資標的是以股票、債券或貨幣市場工具來區分，可分爲股票型基金、債券型基金、貨幣市場型基金三大類，外加股票債券型基金一小類。

二、依發行後的交易方式區分

如果依照投資人是否可以將基金淨值自由申購或贖回基金，可分為封閉型基金及開放型基金兩種，前者的發行總金額固定，當發行期滿或已達到預定的規模時，基金即封閉，總持分不再變動，投資人只能持有受益憑證透過證券經紀商在交易市場買賣，不可直接要求基金公司贖回，其買賣的過程如股票買賣一樣，價格由市場的供需決定，例如：集中市場掛牌的基金。

後者為開放型基金，則發行的總金額不固定，其發行的持分總額會隨投資人的買賣而增減，投資人比較偏向開放型基金，因為投資人可以隨時按當時買入每單位基金的淨值（net assets value，簡稱NAV）向基金經理公司買進或贖回受益憑證，可以全數贖回，也可以部分贖回，非常適合投資人的喜好，也是未來的趨勢，例如：海外基金、債券基金皆屬開放型基金。

三、依投資目的區分

共同基金依投資目的來區分，大致可分為成長型、收益型及平衡型及積極成長型基金四種。成長型基金著重高獲利，故大多將資產投資於股市。收益型基金則強調帶給投資人的是固定收益的報酬，多半投資於固定收益的債券或票券。平衡型基金，則是介於成長型與收益型之間，其資金分散在股票、債券、票券，同時考慮風險與收益的平衡。

四、依投資地區作區分

依照投資地區可分為國內基金與海外基金，而海外基金又可再細分成全球型基金、區域型基金及單一國家基金三大類。全球

型基金以全球金融市場為投資對象，其分散風險能力最大。區域
型基金投資在特定區域，如亞洲基金、拉丁美洲基金、東南亞基
金等投資在全球或世界各地，也包括新興市場，區域型基金可藉
由多角化而分散風險。單一國家基金是以特定的國家作投資標
的，如香港、日本、泰國、馬來西亞等國家，故單一國家基金風
險集中，分別以表10說明之。

表10　共同基金的基本類型

分類標準	基金的基本類型
依發行後的交易方式	封閉型基金
	開放型基金
依投資區域區分	全球型基金
	區域型基金
	單一國家型基金
依投資標的區分	股票型基金
	債券型基金
	貨幣市場型基金
	衍生性金融商品基金
依投資目的區分	積極成長型基金
	成長型基金
	平衡型基金
	收益型基金

資料來源：林傑宸（2011）。《基金管理：資產管理的入門寶典》。

五、其他基金

　　金融市場最熱門的莫過於避險基金（hedge funds），拋開避
險基金特有的企業形態、財務揭露與主管機關監督管制的程度，

以及對其定義上因不同的認知角度而產生不同的方法主張等不談，避險基金過去優異的操作績效確實令人好奇嚮往。但鼎鼎大名的索羅斯（George Soros）及長期資本管理公司（LTCM）將避險基金捅出了超級大摟子，急得全球的央行總裁寢食難安，國內的報章雜誌爲文評論，這些評論對於避險基金或多或少都有一些誤解。

（一）避險基金

避險基金的原文是hedge fund，或譯對沖基金。在臺灣，投資人最常聽到的避險基金莫過於是索羅斯（George Soros）所管理的「量子基金」（Quantum Fund），其大膽的作風亦造成投資人對於避險基金的刻板印象。此一名詞的來源是1966年《Fortune雜誌》上的一篇文章，作者Carol J. Loomis對於A. W. Jones在美國股票市場中作多被低估之股票，同時放空被高估的股票的操作策略，以hedge fund一詞來形容其策略。

然而，避險基金在金融市場一直是個神祕的資產管理工具，直到1996年英國Argyll投資管理公司的董事理察·希爾斯（Richard Hills），寫下全世界第一本避險基金的相關書籍《Hedge Fund: An Introduction to Skill Based Investment》之後，投資人才開始對避險基金有所認識。如今，hedge fund已被廣泛的形容一種有別於傳統投資方式的基金，以下即針對投資策略、投資門檻、管理費與績效費以及贖回限制等進行比較，說明如表11所示。

不論各種類避險基金所冠上的名稱是什麼，如期貨型、外匯型、利率型等，操作方式都不外兩大原則：(1) 基金經理人以專

表11　避險基金與一般傳統型基金的差異

	避險基金	一般傳統型基金
投資目標	追求絕對報酬	追求相對報酬
投資策略	較具彈性，可放空現貨、從事融資及衍生性金融商品等高槓桿交易	限制較多，不可放空現貨及融資
投資門檻	較高，介於10萬美元～100萬美元之間	較低，新臺幣3,000元（定期定額投資）或1萬元（單筆投資）
主管機關的監管	寬鬆	較嚴格
管理費與績效費	平均為當年度獲利的20%，不過通常設有高水位條款的限制	僅收管理費
贖回限制	通常有閉鎖期及贖回時間的限制	限制較少，投資人可隨時贖回

資料來源：林傑宸（2011）。《基金管理：資產管理的入門寶典》。

業判斷，挑選出於一段時間之內將有特殊價格表現的股票；(2) 形成投資組合，其內容必須能符合「有所為，有所不為」之特性。有所為指的是儘量以槓桿操作放大預期報酬，且有顯著報酬的股票之投資比重；有所不為指的則是對上述股票以外，基金經理人不具特殊看法則採取中和（neutralized）之投資比重，意指其他股票投資比重為零。

如此一來，當基金經理人的判斷正確，而該類商品價值相對上漲時，基金之績效自然能大幅揚升，即使此時市場整體而言處於下跌的狀態，基金仍能處於不敗之地。問題出在於hedge這個字，因為有些hedge fund並不作hedge的動作，或是說他們的

hedge方式相當隱晦，不容易解讀，而且其效果與人們傳統上對hedge的定義有所差距。故有許多人士即嘲諷避險基金根本不是避險，而是冒險。很多人認為避險基金的交易策略是在作套利交易，事實上套利（arbitrage）這個名詞在財務專業領域裡是有嚴謹定義的，避險基金的操作並不符合嚴格的套利定義。我們可以稱其為價差交易（spreading）。

　　廣義而言所有的交易者皆可視為在尋求價差，那麼這與避險基金有何差異呢？差別即在於風險。避險基金是在一個相對較低風險狀況下進行價差交易，因此在相同的預期報酬下，避險基金的風險調整資本報酬率（RAROC）較高。避險基金的操作策略，就是「在自由市場中，尋求市場非效率性所導致的錯誤定價」。例如：假設中華汽車公司新車銷售大賣，和泰汽車公司的新車卻反應不佳。

　　此時，某個避險基金經理人要作避險操作時，在實務上會用65元買進一張中華汽車，45元放空一張和泰汽車。如果大盤上漲，中華汽車由65元漲到70元，和泰則由45元漲到47元；反之，若大盤下跌，中華汽車由65元跌到63元，而和泰則由45元跌到40元。則不論股市大盤方向如何，這位經理人都賺到了3元。

　　避險基金經理人認為中華汽車的股價相對於和泰汽車而言，應該是較為強勢，因此透過一多一空的操作，他就可以從中獲利。當然，若是這兩檔股票逆勢而行，避險基金就軋慘了。避險基金也有失手的時候，但他們的風險機會比一般共同基金要小很多。

　　「共同基金」是以基本分析及技術分析來選股，以投資組合來分散風險，共同基金的資產是股市中的股票，資產價值上揚

後，本身的價值也會上升；避險基金是以數學及統計的方式來選標的股票，以多空雙向操作來分散風險。會陸續出現避險基金鉅額虧損的消息，最重要的原因在於大量運用衍生性商品及財務槓桿，因此一出事其財務效應則是倍數擴散。

當今避險基金以投資組合理論中的多因子模型，應用於資產管理的公司為數眾多，有些公司使用總體經濟變數如利率、工業生產成長率、與通膨率等作為投資組合因子，抑或合併財務變數與個股之產業屬性為投資組合因子；也有些公司專精於以統計方法，由股價資料中萃取出若干解釋獲利因子來評估。不論所運用的因子究竟為總體、財務、產業或統計分析，最終的目的皆為了適當分散非系統風險中可歸因於影響的部分，與個別資產特有的系統風險，以利於掌控投資組合之行為，更可提高風險管理的績效，投資人可視本身的需求，選擇適合的避險基金。

（二）指數基金

指數基金（index funds）屬開放型基金，基本上也屬於股票型基金（ETF）的一種，不過，其投資目標與一般的股票型基金並不相同。一般股票型基金的操作，大多在追求優於大盤指數的績效表現，以擊敗大盤為目標；反之，指數型基金的操作，則是期盼其績效表現能與大盤指數亦步亦趨，反而不求能擊敗大盤。職是之故，指數型基金通常會採用被動式的管理策略，主要目的在於建構一個報酬型態與擇定之標的指數，形成完全一致的投資組合。

指數基金的個數在各主要資本市場有迅速增加的現象，主要的理由顯示：積極性操作的共同基金平均的獲利表現較標的指數

基金有稍後反應現象，如臺灣股市之封閉型基金價格常會出現落後於大盤的現象，造成在監督管理上更為複雜，容易產生代理問題。故投資人轉而選取目標明確、操作單純的指數基金，只要股市表現良好，則指數基金自然也會水漲船高，帶給投資人應有的報酬。

指數基金的應用作為投資工具外，也常是對市場發展嗅覺敏銳者據以進行指數套利（index arbitrage），當指數的期貨與現貨出現異常價差時，套利者就可建構指數基金以模擬指數現貨，並藉同時反向操作期貨與指數基金以獲取確定之利潤。

臺灣第一個指數基金是由中信投信公司，在1994年5月於倫敦掛牌交易的中信指數基金，資金來源為臺灣及海外的資金，投資於臺灣股市，目標與臺灣證券交易所股價加權指數同步表現。

指數基金的操作技術有兩類：(1) 依樣畫葫蘆式；(2) 分層抽樣式。前者僅依標的指數中各股票的投資比例照單全收，再定期對除息、除權或加入退出之成分股調整權重，操作上較為單純，如臺股指數的400支成分股，則調整頗為繁瑣。後者則秉持同類型股票將有相似的系統風險，對指數進行特性分析，如各產業之投資比重，或各規模的股票投資比重，然後，先從比重的分配選取少量股票以為代替，所希冀的是保留標的指數的特性，而能在往後與指數有同幅之漲跌。

許多退休基金將資產相當大的部分投資於指數型基金，或以其他消極管理的方式經營。而在共同基金的市場上，指數型基金也愈來愈受到歡迎。指數型基金之所以受到全球投資人的青睞，在於投資人可免除選股的煩惱，透過指數型基金，即能投資整個大盤指數，加上指數型基金不僅能有效分散風險，其管理策略也

不會因為撤換基金經理人而有所不同，對於長期績效表現較有一致性。

另外，指數型基金並不需要積極選股與換股操作，其管理費與周轉率皆低於一般股票型基金的水準。

（三）特色基金

特色基金（style funds）其操作上十分單純，投資組合能確實掌握關鍵性個股，也能創造豐碩的成果。舉例說明：假設歷史資料顯示，市值低於新臺幣若干億元以下的公司都有絕佳的平均報酬率，故基金公司會積極促銷此類有特色的小型股基金，或積極促銷半導體特色所建立的基金。當推出後，如果小型股的熱力持續放送，基金當然有搶眼的績效表現。

基金除了具備小規模公司特色之外，還可以兼有低本益比及高盈餘成長率特色等，更能彰顯基金公司扎實的分析能力，與數量模式之運用技術，充分萃取具顯著績效的股票作為搭配的依據。故特色基金僅做局部性的績效因子，但缺乏整體的考量與精確的個股權重計算，也難保證其把握低本益比及高盈餘成長率特色的股票往後發展方向會持續而不會逆轉。故雖能享受所運用的少數股票的助力，卻仍難保不受其他因子的影響而表現欠佳。

六、共同基金投資的七大優勢

共同基金的資產規模較為龐大，因此可以採用不同的資產配置與操作策略，透過分散持股、分批進場、避險操作等，比起散戶投資人在有限的財力下單打獨鬥，更可有效分散風險，追求穩健獲利。由於共同基金的產品特性，任何人都非常適合運用共同

基金作為理財工具[1]，它具有以下七大優勢，見表12所示。

表12　共同基金投資的七大優勢

1.分散風險	一般人由於資金有限，很難做到投資一籃子股票、債券，但透過共同基金，就能享有與大資本家一樣的優勢，擁有一個完整的投資組合。
2.專業管理	共同基金聘有專業的經理與研究團隊，除了能依據精準的市場研究，作好投資理財管理，更能免除自行挑選股債個檔、進出場時機的麻煩。
3.節稅管道	稅法規定，海外基金的個人投資所得享有免稅優惠。家長也可善用每年的贈與額度，以子女名義進行基金投資，為日後的教育基金作好準備。
4.掌握全球獲利機會	全球各地的股市、債市依景氣循環，而有榮有枯，但透過共同基金，將更有機會參與各地市場的獲利機會，增加資產的長期增值空間。
5.變現性佳	贖回國內基金最多只需三個工作天，贖回海外基金約一週內即可完成手續，並無提早解約侵蝕收入的問題，可說是高實用性的投資理財管道。
6.小成本投資全世界	基金的申購手續費，一般約占投資金額的 1.5-3.0%。以申購手續費率3.0%為例，即需1,500元的成本即可。基金其他相關費用，請參閱各基金公司公開說明書及投資人須知。
7.交易成本較低	一般投資人因為交易金額較小，無法獲得交易費用折扣。反觀共同基金因為投資金額龐大，可能獲得較好的折扣，較能有效降低交易成本。

資料來源：富達投信，www.fidelity.com.tw。

---

[1] 資料來源：http://www.ezmoney.com.tw/outlook/outlook_detail.aspx?Unit ID=75&AID=220。

第二節 共同基金投資技巧

選擇適合自己的基金，不是人云亦云，也不是到處打聽明牌，應先考慮自己投資的目的為何，是為了子女教育基金，或作退休準備，或為避免臺幣貶值，或為分散投資風險，或為了節稅用途，或因投資的心態趨於保守。從不同的目的，找出自己最適合的組合。為了退休做準備應選擇債券型基金，為了節稅目的則應選擇海外基金或不配息的國內開放型基金。若為了避免新臺幣貶值，則應選擇以強勢貨幣計價之海外基金。

另外，判斷一個基金或基金公司的好壞，有所謂的4P：People（投資團隊）、Philosophy（投資哲學）、Process（投資程序）與Performance（投資績效）。要兼顧4P，可以先挑選績效良好的基金與基金公司，縮小樣本後，再進一步研究其他3P，這樣既省力又不至於太浮面。

在購買「共同基金」時，應注意的事項如下：

一、蒐集各地的投資標的基金訊息

訊息的蒐集可以從專業報紙、雜誌、網站或基金的公開說明書得知基金的操作績效與風險，及投資組合的型態。除此之外，更應了解基金的規模、歷史、旗下經理與基金數目，經理公司過去的長期績效，是否在全球市場有分公司，其情報與資訊的取得如何？另外，則是保管銀行的聲譽及查帳會計師的業界名譽。

（一）基金規模大小

基金規模大，基於投資組合分散理論，較能分散投資風險，也較能負擔昂貴的研究費用；但基金規模過大，其操作的靈活度

可能不足，則易形成一旦股市行情反轉，投資人大量贖回基金，不利股票的進出。

（二）認識基金經理人的專業

操盤經理人的學識、經驗、背景、能力、過去的操作績效與操作風格，均會影響一檔基金的績效。每一個基金經理人都有自己的一套投資哲學，外行人聽起來似乎都很有道理，不過可以檢視經理人過去的績效紀錄，從而判斷經理人的能力，雖然說因為影響績效的因素太多，但是也算是個重要的參考依據之一。如該檔基金經理人換人，則必須去深入了解其中的原因，且評估是否繼續投資或辦理轉換或贖回，該項資訊均可透過該基金的簡介或0800的電話查詢。

（三）了解基金本身的風險及操作績效

基金的風險可以採標準差、β係數與夏普（Sharp）指數的數據來衡量。標準差是衡量在一段期間（一年）基金淨值波動的幅度，如標準差愈大則代表該檔基金的投資風險愈大。β係數是以基金本身投資組合的漲跌幅度與整體股市指數的漲跌幅度相比較，而求得數值，如β係數大於1，表示基金的投資組合的波動性大於整體股市；反之，則小於整體股市。夏普指數是將基金在某一期間的報酬率，減去無風險證券的報酬率，再除以投資基金標準差，所得的數值，夏普指數愈高代表操作績效愈好。

市場性風險：因政治、天災、人為因素造成金融市場的波動（如波斯灣戰爭、東南亞金融風暴、美國911、2008年金融海嘯）。

匯率風險：任何投資至本國以外的金融商品，均會碰到匯率

的風險。

　　基金清算或合併的風險：因共同基金規模低於最低門檻，可向金管會申請清算或合併。

二、考慮自己的所得、承擔的風險能力及年齡

　　如所得高、承擔風險能力強且年齡較輕，則可買進單一國家成長型的股票基金作投資。反之，對於將退休之養老投資人，可考慮收益型或平衡型基金。

三、考慮投資共同基金的方式

（一）單筆投資

　　先分析投資地區的景氣與產業變動，然後選擇適當時機、合適價位及大筆資金，作一次大額買入，可透過銀行的「指定用途信託資金」投資，或透過向基金公司下單買進。在買進的同時，也同時要詢問贖回的管道，是否是同一銀行或同一基金公司可以贖回。

　　單筆投資是選擇某一日基金淨值一次申購，得到一個固定的單位數，等待淨值上漲，即能獲利，與申購當時的淨值相比，只要淨值漲愈多，獲利就愈高。

（二）定期定額投資

　　基於分散買點的投資心態，不論市場行情如何？於每個月固定日期投資固定金額於某一檔基金的投資方式，則在平均成本投資法的效果下，其風險相較於單筆的投資來得小，相對的其利潤也不比單筆投資來得大。

定期定額投資基金的優勢在於如果淨值愈低，每個月買到的基金單位數愈多，只要不斷累積每個月的基金單位數，當累積的單位數夠多，耐心等待淨值上漲時再賣出，如此一來就獲利了。

符合下面任一情況的人，都適合以定期定額的方式進行基金投資理財規劃：

1. 每個月結餘的錢不多，但仍然希望能夠讓自己的資產慢慢增值。

2. 雖然已經在工作了，但有一個遊學或留學的夢想。

3. 希望家人能夠擁有更具財務安全的未來。

4. 希望提供子女健全的教育與成長環境，做好長程準備。

5. 希望退休後能當個快樂的銀髮族，過有品質的退休生活。

6. 持有幾個不同時程的計畫待實現，而每一個計畫都需要一筆錢。

7. 想投資股票市場，但波動那麼大，不知道怎麼樣可以降低風險。

8. 想做到資產配置，但只有少少的錢。

（三）定額不定期投資

尚有定額不定期基金投資法，如果你是一個投資基金的內行人，在單筆及定期定額兩種申購方式之外，還有一種「定額不定期」的投資策略，所謂的定額不定期的投資人，是指手邊每次累積到一筆資金後，選擇在資金淨值來到相對低點時，同時市場訊息有助淨值價格走揚時進場布局，這些時間點除了股市或債市行情低迷時會出現外，通常股票型基金除息、債券型基金配息後一至兩天間，基金淨值會略為走低，此時是技術性逢低買進的時候。

四、最省錢的交易方式——採網路交易

透過網路交易，可以隨時掌握市場資訊，申購轉換及贖回全利用網路下單，既方便又省時，只要看到基金報酬率達到預設的損益點，就可以馬上處理，有些屬性較積極的基金，還可以藉由行情起伏來波段操作，投資獲利可不輸一般的個股呢！除了下單手續即時方便之外，網路下單的手續費也比跑銀行低得多！如果用定期定額長期扣款，更一定要用網路交易才能省更多！

綜上所述，以各種不同管道投資海外基金之比較，說明如表13所示。

表13　定期定額、單筆投資比較表

項目	定期定額	單筆投資
投資門檻	較低，國內基金：每月最低3,000元；海外基金：依銀行規定，通常在3,000-10,000元	較高，國內基金：多為10,000元；海外基金：依銀行規定，通常為30,000-5,000元
申購手續費	相同，但定期定額通常有長期扣款費率優惠	要記得生日當月申請單筆基金，境內500萬、境外500萬均免手續費，不然單是一筆100萬的基金，約3,000-5,000元不等的手續費
資金機動性	較低	較高
風險	不須判斷進場時機，只要市場長期趨勢向上，即應長期扣款	最好在相對低點進場，並要適時獲利了結
獲利	較穩定	波動較大

表13（續）

項目	定期定額	單筆投資
適合的理財目標	五年以上的長期目標，如子女教育、退休基金等	一至五年的中短期目標
適合的投資標的	投資初期可以波動較大、處於相對低點的基金，且中長期成長趨勢明顯的基金，後期則最好選擇績效較穩定的基金	標的的市場較具題材性，或是較易掌握景氣循環，且會因經濟週期變化而受益的地區之股票基金

資料來源：富達投信，www.fidelity.com.tw。

表14　以各種不同管道投資海外基金之比較

項目	一般銀行	一般券商	網路銀行
交易方式	臨櫃；指定用途信託	電話及傳真	網路24小時
交割方式	銀行扣款——新臺幣	銀行扣款——外幣交割帳戶	銀行扣款——新臺幣或外幣
產品	證期會核備且接受代銷，約400多檔	透過富達交易平臺者，有亨德森、全盛、富達、寶源、瑞士信貸、百利達、高盛等，約143檔	證期會核備且接受代銷，約400多檔
投資門檻	單筆：新臺幣10,000-50,000元；定期定額：新臺幣3,000-5,000元	單筆最低1,000美元	新臺幣：單筆及定期定額皆為新臺幣10,000元，債券型基金新臺幣100,000元 外幣：1,000美元、1,000英鎊、10,000港幣、100,000日圓

表14（續）

項目	一般銀行	一般券商	網路銀行
申購手續費	高。2.5-3%。一般期間可打七到九折	中。1.5-1.8%，約六折	中。2-2.4%。一般期間八折；優惠期間約五至六折
轉換手續費	500元	0.6%（內扣）	500元
信託管理費	每年200-500元	無	每年約0.2%
缺點	1. 每月收實體對帳單 2. 費用高 3. 資訊不足	1. 僅能選擇外幣交割 2. 資訊不足 3. 門檻較高	1. 須開立臺幣或外幣交割帳戶及網路銀行 2. 須收取信託費用，費用較高
優勢	1. 有專人服務 2. 產品線完整	1. 交易方便 2. 可於同一券商整合所有投資	1. 交易方便 2. 產品線完整

資料來源：摩根資產管理，https://www.jpmrich.com.tw/。

五、基金投資十大安全守則

　　原則一：平衡分散基金的資產組合內容

　　原則二：選擇平衡型或資產組合基金以降低波動程度

　　原則三：注意債券型基金的信用風險

　　原則四：投資強勢貨幣區域的基金

　　原則五：選擇流動性佳的基金

　　原則六：避開周轉率高的基金

　　原則七：選擇績效較為穩定的基金

　　原則八：擬定定期定額計畫要投資股票型基金

原則九：長期投資還是要設停損點

原則十：選擇產品線廣的基金公司

六、投資基金的小祕訣

➤ 長期投資，切忌短線進出

共同基金不是股票，不能以股票短線進出的手法操作，以免獲利都在買賣之間被投資成本稀釋了，應以長期布局、追求理財目標的心態為之。

1. 定期檢視，切忌置之不理

基金雖然要長期投資，但仍要定期檢視其投資方向是否正確、比較其投資績效是否穩定，記住「不要和基金談戀愛」，如果績效一直落後於同類基金，最好還是趁早出場，以免愈套愈深。單筆投資可以設定適當的停損獲利點，定期定額則只要基金績效穩健、標的市場長期看好，就應該依照理財計畫長期扣款，持之以恆。

2. 了解各種基金的風險屬性

投資基金前，要了解自己的風險屬性，這不一定是主觀的認定，也必須加入客觀的分析，比如說準備退休基金的投資人，即使主觀認為風險承受度很高，願意接受損失發生的可能，但是客觀的條件已經限制了接受風險和損失的能力。想要對抗風險，利用投資組合、定期定額都是很好的方式。

3. 不同基金類型，不同風險性

投資基金前，要了解自己的風險屬性，這不一定是主觀的認定，也必須加入客觀的分析，比如說準備退休基金的投資人，即使主觀認為風險承受度很高，願意接受損失發生的可能，但是客

觀的條件已經限制了接受風險和損失的能力。想要對抗風險，利用投資組合、定期定額都是很好的方式。

七、投資相關限制

每家銀行和各基金公司與定期定額相關的限制不同，提醒你開始投資前，要看清楚銀行或基金公司的相關規定，以下摘錄與你權益較相關的事項，供你參考。

表15　比較以各種不同管道投資海外基金的風險

劃分標準 ＼ 風險性	低	中	高
投資標的 （不同產品特性不同，風險亦有差異）	貨幣型基金	債券型基金	股票型基金
投資範圍 （投資區域愈集中，風險愈高）	全球型基金	區域型基金	單一國家基金
市場成熟度 （新興地區政經不夠成熟，發展空間大，風險亦高）	歐美國家	亞洲國家	拉丁美洲 東歐地區

資料來源：摩根資產管理，https://www.jpmrich.com.tw/。

（一）贖回轉換限制

由於定期定額的每月投資金額並不多，為符合銀行之作業成本，所以銀行大都定有最低轉換贖回單位數及不接受部分轉換贖回的限制，透過銀行辦理定期定額時，可以先向銀行經辦人員事先查明，避免不必要的糾紛。

（二）贖回款入帳時間

贖回時，銀行會要求客戶填具應匯款的帳號、戶名等相關資料，大抵而言，國內基金五天入帳，境外基金因有換匯的問題，故需時約五至十個工作天才能入帳，若超時太久，請向分行或基金公司查詢。

（三）手續費優惠及最低手續費限制

部分銀行為吸引客戶長期投資，或是基金公司為會員客戶，均有提供手續費優惠，但須達一定期間或某金額以上才能享有；精打細算的投資人，不妨多注意手邊資訊。

（四）帳上需留存現金數

據了解，銀行均在扣款日前一天的晚上十二點前，已完成電腦扣款作業，若帳上所存的現金數不足，將有扣款不成功的情況發生；即使當日再補錢進去，也無法挽救。因此，在扣繳日前一天一定要維持帳戶內餘額足夠支付申購金額加上手續費用，才可以順利扣款。

（五）扣款三次不成功的處理

在簽下定期定額合約時，若未仔細看此規定可能會因此喪失應有的權益。由於銀行訂有此條款，但絕大多數投資人不以為意，如果連續三次扣款失敗，尤其是境外基金，銀行除自動解約外，還有權利將你手上的單位數全數為你贖回；如果是國內投信基金，則投信公司將當作你終止扣款了，想再繼續投資必須重新下單，不過已有的單位數仍可保留，直到申請贖回為止。

所以在此提醒，帳上要常保現金的數目夠用，或是接到銀行或基金公司的扣款不成功通知也千萬別置之不理，因為一時的疏

失，可能造成將來投資的重大損失。

（六）可以分批贖回轉換

定期定額扣款累積的單位數，不用一次全部獲利了結贖回，而可以視市場狀況及個人資金需求分批處理。不過提醒你，如果不想再繼續扣款投資並持有某支基金，除了全部贖回外，還要向投信或銀行申請終止扣款，否則到了扣款日，銀行還是會自動固定扣款投資。

八、成功投資基金七大策略

基金提供小額投資人立足臺灣、投資全球的機會，但是，就像所有的投資工具一樣，基金投資也講求方法學，對的策略才能創造出成功的基金投資效益。

（一）找到長期投資理財的夥伴

因為投資理財是跟錢有關的事，而且需要透過時間成長，所以首要之務是找到值得信賴的終身夥伴。綜合檢視以下三個方向，釐清基金公司的整體能力：

1. 基金公司的業界地位。
2. 管理資產的多寡。
3. 旗下基金長期績效的表現。

（二）善用時間複利效益

時間是投資最好的朋友。雖然起步時只是一點點的錢，看不出什麼效益，但隨著時間的累積之後，就會發現原來小錢也可以成就大願望。

彼得林區被譽為二十世紀最偉大的基金經理人，在基金業的

三十多年，遇過無數次的股市大震盪，但「長期投資、堅定信心」仍是他一貫的作法，因為他相信「股價長期終會反映其應有的基金投資價值」。

（三）擬定目標、切實執行

羅馬不是一天造成的，除非中獎，致富也不會是隔夜之功，投資基金之前，必須先想清楚自己要什麼，並以白紙黑字寫下來，然後貫徹執行：

1. 自己的風險承受度。

2. 個人資產負債及淨值狀況。

3. 列出短、中、長期基金投資目標。

要時刻謹記所努力的是長期投資理財目標，不要一看到市場下跌就打退堂鼓，經驗證明，長期基金投資可有效降低市場短期波動的負面衝擊，創造出較佳的增值機會。為了堅定意志，也不妨把基金投資變成全家人的事，互相督促、全家學習。

（四）善用定期定額平均成本效益

有過投資經驗的人都知道，要預測市場的漲跌，並從而找到最好的買點，是一件困難度很高的事情，以致於不斷與市場漲勢擦肩而過。為了避免選擇時點的困擾，定期定額應該是非常適合的基金投資方式。因為隨著市場與淨值的漲跌，雖然每一期投入的金額是固定的，卻有機會買到不同的單位數，因此可以自動產生出平均基金投資成本、平均基金投資風險、平均匯率波動的多重效益，更能夠創造出積沙成塔的長期成果。

（五）誠實面對自己的風險承受度

在確認自己的風險承受度時，應該抱持著勇於承擔風險的態

度，誠實面對自己；如果想要有高報酬，便必須做好面對高風險的準備；如果清楚知道自己無法忍受任何本金的損失，那麼風險程度較低的資產，或許比較能夠讓自己安心。

（六）分散投資、降低風險

投資伴隨著一定程度的風險，就算是安全性最高的存款，也可能不敵通膨的侵蝕。效率化的分散投資，才能夠把資產組合中，漲、跌的風險降到最低程度。

1. 分散資產類別，包含債券、股票、銀行存款。

2. 分散投資地區。

3. 分散產業類別。

4. 分散企業型態。

（七）一年檢視一次目標與組合

每個人的個人或家庭財務狀況可能每一年會有些不同，因此最好能夠一年檢視一次自己的基金投資組合和投資理財目標，看看是否有需要進行微調。

（八）把四四三三法則的基金排在投資的前面

其挑選的法則及意義，已經考慮到此基金已有超過五年及三個月、六個月及一年期同類型基金的績效均排在前四分之一。

第三節　購買共同基金實例說明

一、共同基金申購的注意事項

（一）海外基金的申購

　　申購人可以攜帶身分證、印鑑至代銷銀行的海外基金窗口，指定購買海外基金，不論是股票型、債券型或平衡型的海外基金，簽立信託契約後，即可繳交申購款及手續費，海外基金手續費比國內基金的手續費貴，銀行將簽訂的契約傳真至信託部，過三天後，就可以收到銀行給予的信託憑證及相關文件。

　　海外基金有以美元計價，或日圓、馬克計價，不過大部分均是強勢貨幣。其計算的方式如下：投資30萬元臺幣欲購買以美元計價的海外基金（假設手續費另計，當日美元兌換臺幣匯率為33.33，申購手續費為2.5%，此海外基金當日每單位淨值為41.33美元），則申購人必須拿出7,500元的臺幣手續費，可以買到的基金單位數為300,000÷33.33÷41.33 = 217.781單位。如果以日圓、馬克計價的海外基金其計算的方法一樣，而收到銀行的信託憑證，在信託憑證上會列示淨值、單位數及當日的匯率。

（二）國內及海外基金的贖回

　　當投資人需要運用資金，或是為了獲利了結，而要提出解約的申請時，可以攜帶身分證、印鑑及原信託憑證，也就是保管單向投信公司（國內基金）、代銷銀行（海外基金）辦理解約。提出解約申請時必須繳交管理手續費，銀行會要求投資人繳回信託憑證或保管單（受益憑證），在辦理贖回時，國內基金大約是三個營業日，國外基金則需要七至十天的營業日才可以取得贖回的

款項，贖回的款項將一次匯入投資人指定的帳戶。

目前國內銀行已考慮以外匯存款作為投資基金的方式，可直接向海外基金公司下單申購海外基金，且以外幣贖回，並將款項匯至投資人所指定的帳戶，如投資人投資開放型基金，當時申購手續費為2.5%，在贖回時不必繳交手續費的情況下，投資500萬元購買此開放型基金，當日單位淨值為臺幣12.73元，且於當年的十二月五日辦理贖回，贖回日之淨值為臺幣16.73元，則投資人的獲利與投資報酬率如下：

$5,000,000 \div 12.73 = 392,772.98$ 單位數

$5,000,000 \times 2.5\% = 125,000$ 手續費外加

$5,000,000 + 125,000 = 5,125,000$ 投入成本

$392,772.98 \times 16.73 = 6,571,092$

$6,571,092 - 5,125,000 = 1,446,092$ 獲利金額

$1,446,092 \div 5,125,000 = 28.22\%$ 投資報酬率

如果是海外共同基金，則必須再考慮幣值的轉換，而且海外共同基金第一年大多免收信託管理費，第二年以後的信託管理費也必須列入投資成本。

(三) 共同基金的配息與轉換

代銷銀行對於有些海外共同基金有配息條款，則採用現金發放股息，每年分配一次，並轉入指定的帳戶。如果共同基金的投資績效不佳，或是基金經理人更換，則可以考慮以贖回的方式轉換至更有潛力的共同基金，只要考慮清楚，攜帶身分證、印鑑及原信託憑證向投信公司或代銷銀行辦理，作轉換時，必須加收一

項轉換手續費500元，但必須是同一家基金公司所發行的基金，代銷銀行將舊憑證收回，即可取得新的信託憑證或保管單。

如果投資人想將原有全部的A基金，轉換至同一家基金公司所發行的B基金，他向代銷銀行辦理，取得新的受益憑證。如B基金當時的單位淨值為25美元，以美元計價，A基金的單位淨值為40美元，原單位數為255.12單位，則代銷銀行外加轉換手續費新臺幣500元整，則轉換B基金的單位數為408.192單位。其計算過程如下：

255.12×USD40 = USD10,204.8

USD10,204.8÷USD25 = 408.192單位數

（四）海外基金的安全性

投資人投入相當的資金，可是手中拿到的只是一張基金公司的受益憑證，如何去了解所投資的基金公司是合法公司還是非法吸金集團，也是一件很重要的課題。如果是非法的投資公司以高利誘人，其實存在的風險是相當大的，故在投資基金時，投資人可以向證期會查證核准文號，因為只要是經財政部證券暨期貨委員會核准通過上市的基金，在臺灣市場是百分之百的合法，但未經核准文號的基金，不見得全是非法基金。現在利用網際網路（Internet）透過電腦進入家庭中的電子信箱，在網路上販售基金，如果投資人誤信以致沒有作好資料蒐集的工作，很容易造成血本無歸。任何基金的投資，投資人都要有自負盈虧的打算，對於「保證獲利」的金融商品，投資人在購買時必須要有合理的懷疑。

（五）每月要檢視基金淨值

不論你是用何種方式來管理自己的基金，最重要的是要定期花時間了解基金情況，掌握市場脈動，並與同類型基金及投資目標做比較，了解基金未來的動向，成為真正基金的贏家。基金是要放長線才有投資效益，尤其是定期定額投資，專家大多如此告知，但是，錢擺在基金專戶，並不是穩賺不賠。除信任專業的基金經理人的操盤能力與績效外，投資人若未能適時轉換或贖回手中的基金，錢未落袋，都不算是真正的獲利。所以，不論是保守型或積極型的投資人，都必須設有停損點，一旦情況不對，一定要出場，絕不戀棧；達到預期報酬率時，也應立即獲利出場，休息後有機會再伺機進場。

投資國外基金，必須積極關心國際間的市場變化及各國的政經情勢發展，從報紙、網路或基金公司定期公布的基金每日淨值了解淨值的變化情形，但如果是全球性經濟不景氣或尚無法擺脫金融風暴的威脅下，投資人以向下攤平的方式，持續買進日本基金作長期投資，就是不正確的理財方式。從日本基金轉換成區域性的歐洲基金，以為可能會反敗為勝，其實也非明智之舉。

投資人事先若未先規劃基金的投資組合，而將所有的資金押在過去投資報酬率極佳的積極型基金，但並不表示該基金未來仍是個會下金蛋的雞，而忽視了保本型的貨幣基金，所以，一旦遇上了金融風暴，同時投資標的也未作適時的調整，則可能造成巨額損失。由於現代人工作忙碌且壓力大，能撥出時間專心理財的人並不多，一則可能缺乏專業素養，判斷錯誤，二則精力、時間有限，故投資理財大多轉向購買基金的趨勢，但仍要隨時注意基金的淨值變化，而非像定存一樣，買了就放在那裡，而白白讓辛

苦賺來的銀子縮水了。

（六）申購海外基金應注意事項

投資人申購海外基金時，一定要記得攜帶身分證和印章，親自在各銀行規定的營業時間內到銀行辦理申購。申購時以銀行公布交易日之申購價格（Bid price/NAV）買入基金，最低投資金額一般為新臺幣5萬元，定期定額為新臺幣5,000元即可辦理，申購手續流程如下：

1. 攜帶身分證、印章。
2. 至各海外基金承辦之基金櫃檯。
3. 選定海外基金投資標的。
4. 一般（整筆）信託、定期定額信託。
5. 訂立信託契約。
6. 繳付投資款項及手續費。
7. 取得信託憑證（或保管條）及其他相關文件。

第四節　基金績效評比的指標

共同基金績效的好壞，將直接影響未來的投資報酬，除了報酬率與排名外，尚有以下各種指標來評比績效。

相關投信投顧工會網站（http://www.sitca.org.tw/）的評比資料、報酬率與排名，「報酬率」代表基金的絕對績效，隨著評估期間的長短，可分為一個月、三個月、六個月、一年、二年等。「排名」代表基金的相對績效，也可以透過排名看出相對於其他基金就該檔基金績效表現。

以上兩者指標仍未考量未來的投資風險，於是有貝他值

（β）、夏普指標來評比績效。夏普指標（Sharpe Iudex）是經風險調整後的績效指標，舉例如下：

例如：甲基金的年平均報酬率為8%，標準差為2.45%，一年期定存為2%。

乙基金的年平均報酬率為12%，標準差為7.35%。

以夏普指標來衡量績效：

甲基金夏普值為(8% － 2%)÷2.45%＝2.45%

乙基金夏普值為(12% － 2%)÷7.35%＝1.36%

故甲基金的績效（2.45%）優於乙基金（1.36%），因為考慮了未來投資風險。

貝他值（β）：投資風險可以分為非市場風險（公司或產業的特有風險）及市場風險（總體環境的風險），β值主要是衡量基金報酬率之市場風險（系統風險），β值愈大代表基金報酬率受大盤漲跌的影響愈大，受市場行情的影響愈大，市場風險愈高。例如：某基金值為0.5，代表大盤上漲1%將會帶動該基金上漲0.5%，因此，股市多頭時應買進β值較大的基金，因為該基金的漲幅將會超過市場的漲幅。反之，空頭時則應該選擇β值較小的基金。

除了比較基金各期績效外，也可以參考評等機構給予海外基金的星等。目前幫海外基金作基金評等的機構主要有三家，包括晨星（Morningstar）、標準普爾（Standard & Poor's）與理柏（Lipper）。這三種評等主要都是將同類型的基金分成五大類，並給予五種不同等級的評等。

第五節　善用投信基金網站的服務

目前國內前三大投信公司之一的群益投信運用網路下單，提供三大服務如投資理財資訊、交易委託及帳戶管理三部分，由於網路下單的服務投信公司還包括元大投信、荷銀光華投信、怡富投信、保誠投信、建弘投信、復華投信等，網路上的內容琳瑯滿目，可以提供投資人除了臨櫃、郵寄、ATM轉帳、傳真及語音等之外，另一便利性的基金交易管道。

一、投資理財資訊——首重即時性、豐富性

基金公司的資訊都可在投信公司網站上找到，除了新開連結的網站外，尚針對特殊的族群設立網頁設計，如月光族、上班族、粉領族、小氣族、學生族。基金公司特別開闢獨立專區提供投資理財訊息建議，並發送電子報。像每天之基金淨值、每週基金持股比例、基金持股明細表等。投信公司的網站均能在最快時間內更新，增加投資理財文章，其內容豐富且易讀，而固定的專區特別編派專門人員負責維護，提供良好的網站服務品質。

二、交易委託服務——重視安全性及使用性

對於上班族而言，上網交易是非常方便的，網路是24小時開放，不但手續優惠且可享有較低的交易成本，線上交易的功能包括申購、贖回、轉換、變更、取消、成交回報以及定期定額投資的暫時扣款、停止扣款等。由於在網路交易首重安全性的交易，所以，投信公司網站只要持有安全認證機制，如SSL、SET，基本上都已經可做到確保交易的安全。

三、帳戶管理服務——重視即時決策且合於一對一行銷

投信公司網站提供的帳戶管理功能,如查詢目前所擁有的基金種類、單位數、總市值、報酬率等帳戶餘額資料,及最近六個月的交易明細等個人帳戶情況,都包括在帳戶管理功能之中。少數投信公司還提供自動警示的功能。自行設定買進與賣出的警示標準,一旦達到設定的標準,系統就會主動寄發電子郵件通知投資人,讓投資人不會錯過預設的買賣時機。

例如:林先生目前持有群益店頭市場基金,平均成本為10.5元,林先生想在12月20日贖回來買耶誕節禮物,所以,林先生可以在帳務警示功能中設定12月20日通知他賣出,不過,此期間他也希望當投資報酬率達15%、OTC指數上漲至100點,或是群益店頭市場基金淨值為12元,才要贖回該基金,林先生只要同時作好以上的條件設定,系統就會在達到任一設定時,用e-mail通知林先生,當然,林先生也可以同樣方式作申購基金設定。這種一對一行銷的服務,正可以滿足不同族群投資理財個人化的理想。

未來投信公司將透過網路,舉辦不定期的說明會,互動將會更頻繁。

不敢說哪個基金網站好或不好,見仁見智,要看你的需求是什麼,有「基金一姐」之稱的趙靖宇,因為工作的關係,需要研究基金新聞、績效表現、持股、線圖和經理人異動,所以有三個常用的網站,如表16所示。

此外,也有付費且與眾不同的網站功能,投資人同樣可以參考表17所示。

表16　基金達人推薦的三個基金網站

網站名稱	網站內容	網址
中華民國證券投資信託暨顧問商業同業公會	要查臺幣計價基金的績效、受益人數、基金規模、周轉率、基金持股、基金經理人異動、基金清算及合併等歷史資訊，這裡通通有，後來也增加境外基金的規模統計。	http://www.sitca.org.tw/
境外基金資訊觀測站	外幣計價的基金資訊主要到境外資金資訊觀測站，特別是要查配息資訊和境外基金核備。	http://announce.fundclear.com.tw
基金——FundDJ基智網、MoneyDJ理財網	有關國內外基金公司及基金基本資料、基金持股和淨值走勢線圖都很詳細，每週基金新聞一定會更新新臺幣計價新基金送件的進度，方便追蹤。另有基金評價欄位，可以同時查到報酬率、年化報酬率、年化標準差、Sharpe值、Beta值等風險係數參考項目。	http://www.moneydj.com/funddj/

資料來源：趙靖宇（2011），《基金贏家100招：基金一姐的私房投資筆記》。

表17 基金達人私房的基金網站

網站名稱	網站內容	網址
cnYES鉅亨網	要把股票當基金看，查詢基金短、中、長期淨值走勢與技術指標的線圖比較，這裡的系統最詳細、最豐富。	http://fund.cnyes.com/
GoGoFund 理財網	首頁有基金「績效排名」、「價值評等」、「四四三三法則」等排名，要更詳細的評比得參加會員才能取得。	http://www.gogofund.com/
Yahoo奇摩理財基金區	能查看基金人氣排行，判斷基金散戶們對基金產品好惡、積極保守以及申購熱度的指標。	https://tw.money.yahoo.com/
PChome基金區	提供免費理柏（Lipper）專業評等機構所有的評等，值得推薦！	http://fund.pchome.com.tw/
金融監督管理委員會證期局全球資訊網（首頁→便民服務→申辦案件→受理申請案件情形）	新基金和公開發行申辦案件進度全都露，基金公司對主管機關一定得誠實申報，這裡的歷史資料最完整，能看到基金公司的最新動態。	http://www.sfb.gov.tw/

資料來源：趙靖宇（2011），《基金贏家100招：基金一姐的私房投資筆記》。

標會又稱互助會、合會及跟會，它與其他理財工具一樣具有風險性，故對於標會的法律常識，如倒會、冒標等事情，也應有所了解。

第一節　標會應注意事項

互助會在招募時，有一書面的文字契約，它必須妥善完整才能具有法律效力，法院對於層出不窮的倒會、冒標之訴訟案件，均由於告訴人提不出會單，或內容記載不全而遭敗訴，故投資人應愼選一張具有法律效力的會單及會首是很重要的。

一、愼選會首

1999年4月立法院通過修正「民法債編」，增設「合會」一節，並規定合會應：

訂立會單，及全體會員的姓名、住址、身分證字號及聯絡電話。

會首對於約定的會金、金額、起訖日期、內標會或外標會、標會時間、標會地點、繳款期限與方式、底標金額須有明確之規定；會首對於已得標的會員應給付之各期會款，須負連帶保證

責任。

　　會單須有個人之親筆簽名，必須驗明正身，以防冒名頂替。

　　請會首找一、二位連帶保證人，來分擔合會的責任。

二、每次開標以後，要確實查證是誰得標

　　在每次開標後、繳款前，最好向得標的當事人查證確實已得標，對於會員的財務狀況、信用情形也須查證，是否有一加入就搶標，會員是否有高價搶標的情形。

三、會首是否有挪用會款現象

　　選擇會首，先要了解會首起會的真正動機，是為了什麼目的，購屋、結婚、買車、創業、投資或作小本生意，如屬於後三者，其存在的風險比較大，且觀察在收款時會首是否能迅速收齊，會員應以交叉驗證的方式查證得標款，如發現有挪用現象，則應盡速搶標。

四、在會單上親自簽名

　　會單已完成，要求會首於該會第一次集會日，召集全體會員開會，在會單上親自簽名，記明年、月、日，並當眾核對每一會員的身分，如無法出席，最好有代理人出示身分證正本，以昭公信，也可防止冒名頂替或人頭戶，簽名後會首製成繕本，每位會員各持一份。

第二節　標會的利率計算

標會分成內標與外標兩種，內標是指死會者每期應支付起會時約定的定額會金，活會則是支付會金扣掉標金後的金額。外標是指活會者每期支付約定的定額會金，死會則支付約定的會金加上自己得標時出的標金。內、外標所得的總會款，一般而言，外標總額比內標總額高。如果不考慮時間價值，坊間有一種簡易計算公式為：

$$月利率 = \frac{標金 \times 2}{得標所得之總會款} \times \frac{30}{標期} \times 100\%$$
$$年利率 = 月利率 \times 12$$

以上的簡易公式與分期付款償還，考慮複雜的現值、終值所得結果相差有限。其中標期是指月標會，以30代入，半月標會，則以60代入，該公式可適用於內、外標。例如：標金為800元，得標所能得到之總會款為20萬元，採月標會，則得：

$$月利率 = \frac{800 \times 2}{200,000} \times \frac{30}{30} \times 100\% = 0.8\%$$
$$年利率 = 0.8\% \times 12 = 9.6\%$$

除了利率是考量的標的外，如果手上有多會的人，對於有危險訊息出現的會應優先高價搶標，即使虧損，但本金仍能回收；否則，將造成血本無歸。對於無危險性，則選擇低利率者先標，如果合會得標之利率已低於正常標會利率甚多時，縱使並無需要資金，仍應以得標款再加入新會，應將閒置資金投入較高的報酬投資工具。

第三節　債權的確保

　　不論是會首破產、逃匿或其他事由，均會造成合會無法進行下去，或會員破產。如果是會首倒會，會員可向法院提出民事訴訟，請求會首給付已繳納之會款，加計利息。其方式可向法院民事庭依督促程序聲請「支付命令」或向鄉鎮市調解委員會聲請「調解」，由法院開具的「勝訴之給付判決」、「確定的支付命令」、「調解書」等執行名義，向會首之名下財產進行強制執行聲請，民事訴訟在起訴前必須先繳納裁判費，其執行步驟如下：

1. 先進行假扣押程序，以免會首脫產。
2. 聲請強制執行扣押財產，以拍賣所得抵債，如不足以清償債務，可請求法院就尚未清償部分發給債權憑證。
3. 在十五年內，若發現會首有財產，均可再請求法院執行查封拍賣。
4. 如是盜標，則盜標者因冒用他人名義填寫標單、行使得標、詐取會款等事實，則構成刑法之「偽造文書罪」、「詐欺取財罪」。以刑事程序向司法機關提起告訴，不必繳納裁判費，可以達到「刑事逼迫和解」的目的。

第四章　開店的技巧

第一節　開店創業及收入規劃流程

　　創業投資也是一種理財方式，但必須有好的規劃與評估，而非一頭熱，以致到時兵敗如山倒，要收拾已很困難，所以必須作好的規劃流程，才能確保創業的成功。

一、規劃流程

　　創業之前有好的規劃書，是成功的要件，其步驟如下：

流程一：撰寫開店計畫書

經營內容及規模規劃（三個月準備期）

流程二：決定開店的業種與業態及產業前瞻性

進行市場評估作SWOT分析：銷售地點及銷售方式（約一年）

流程三：規模大小之決定與資金籌措

進行創業計畫書的撰寫與貸款管道（一年）

流程四：商圈調查評估與當地生態了解

立地條件調查，目標顧客群來源，競爭態勢評估（三個月）

流程五：決定開店地址

進行地點及名稱命名（一至三個月）

流程六：店面裝潢（二至三個月）

設計、費用分析與估價、施工比價

流程七：申請權照

營業執照、使用權照、消防安檢（二星期至一個月）

流程八：正式開幕

開幕流程、促銷手法、策略聯盟夥伴（一週至一個月）

二、事先規劃成功的關鍵成功因素（KSF）

所謂關鍵成功因素必須在創業的過程中，考慮人、事、時、地、物等因素，穩健且謹慎的規劃。

（一）合作股東

好的合作夥伴是創業最重要的關鍵，夫妻、兄弟、朋友都是好的組合，但仍要「親兄弟明算帳」開誠布公，帳務處理清楚交待明白。

（二）業態的決定

先決定創業賣什麼商品，才決定用什麼方式去經營，對於市

場上的競爭態勢，也必須有一番了解。

（三）開店店址

先了解開店的目標，顧客在哪裡？市場區隔的目標消費族群在哪裡？店就開在哪裡。

（四）時機

開店的時機很重要，好的景氣及好的投資環境，股市大多頭行情，對服飾業與餐飲業有助長效果。選對了進入市場的時機，將對後續的創業營運有很大的助益。

（五）創業的財務評估

創業要投入多少固定資本，需多久才能回收固定設備的資金，以作為未來擴廠的準備。故在開店之前必須作事前的財務評估，資金的流入與支出，未來的資金來源，及萬一不能經營下去的財務彈性處理，以作好退路打算。

1. 還本期間法：固定設備的成本什麼時間能收回，再投入資金的來源在哪裡？

2. 淨現值（NPV）法：NPV大於0代表有正的報酬；反之，有負的報酬。

$$\text{NPV} = \frac{C_1}{(1+r)^1} + \frac{C_2}{(1+r)^2} + \cdots\cdots \frac{\text{本金}}{(1+r)^n}$$

C：利息　r：利率

n：期間

第二節　創業成功之策略

　　擬定正確之整體財務規劃，資本需要多少？哪裡才可以籌到大筆資金來源？預期之現金流量為何？如何擬定年度預算與銷售計畫書。

一、計算損益平衡點與預估合理營業額

　　利用損益平衡藉以了解要達多少營業額，才能達到損益兩平，以此正確控制營運成本。要正確計算損益，必須考慮產業別的特性，以固定成本或變動成本作為損益兩平點評估的基礎，則必須將不動產的購買採資本化，或是將裝潢折舊的花費攤計進去。如果該不動產來自租賃，攤提比例應該按照實際租約期間攤提裝修成本。預估合理營業額，營業額的多寡及必得多寡須以座落商圈或市場區隔中之消費者的消費能力評估。如消費者沒有消費能力，營業額未能達損益兩平點的水準，則商圈的消費潛力則必須再重新評估。

二、保守評估，避免閒置資金，設備勿過度投資

　　設備過度的投資，造成固定資產閒置，人力資源的浪費，故在不景氣時，尤應作保守評估，作好適當的存貨管理，或與前手供應商結合成為策略聯盟，重視市場的需求以嚴格的控制進貨量與存貨量。

三、避免大幅舉債或是用高利貸籌措資金

　　資金成本是影響一個開店者，是否能繼續經營的重要因素，

或尋求低利資金管道，或是向正規的銀行或青年創業貸款尋求低利資金，經營商店才可長久。如果資金是向民間高利貸借貸或是向地下錢莊借貸，那沉重的利息壓力，即使租金成本低、裝潢成本低或營業績效好，均無法快速累積財富。

四、降低裝潢成本

開店時最重大的一筆成本為裝潢成本，尤其買賣重視氣氛為導向的咖啡店或西餐廳等行業，裝潢成本更是最重要的成本之一，因為支出金額龐大，則裝潢後的結構體、空調、電線、水電更不能大意。如果結構體不好，防火巷沒有安全措施，以致影響客戶的安全，開店沒有妥善規劃室內的空調系統、廚房油煙又再回到室內，即使是氣氛很棒，但空調不佳均不會吸引客戶上門。

五、多花心思在降低呆帳率，以提升收帳能力

應收帳款管理有下列幾項重點：

1. 應收票據管理：隨時加強應收票據的催收。
2. 顧客簽帳管理：顧客簽帳應隨時加強管理。
3. 呆帳管理：隨時作好客戶信用調查、訂定信用上限的融資金額。

六、事業職業運分析

1. 你適合從事的工作屬性，以及影響事業之外在環境分析。
2. 你適合創業嗎？適合合夥嗎？如何尋找與你相契合的事業夥伴？
3. 如何創造你的事業運？

4. 你適合從事「行銷」工作嗎？

5. 什麼時候是你「轉運」或有「暴發運」的最佳契機？

6. 哪個「方位」對你發展最有利？如何改變你的「磁場」來改善你的運氣？

7. 你知道你的公司、行號、工廠，吉利在什麼方位？忌方在什麼方位？招牌應選擇什麼顏色為主色？

第三節　創業的必備條件

　　二十一世紀高科技公關公司總經理丁菱娟認為，女性若要經營一個事業體系，就必須好好的學習控制自己的EQ，以中性角色出現，不要隨便掉入女性陷阱中，而讓員工認為有個「情緒失控」的老闆。

　　丁菱娟以自己的經驗談創業必備三識與四本，三識是創業所必備的：有膽識、見識、知識。任何創業均有風險存在，所以，只要能夠設立停損點，就當作一個賭注，賭光了這些錢之後，最好就收起來別再做了。而四本呢？即為本人、本事、本錢、本行。本人是指創業者本身的人格特質，例如：是否願意為了事業體系而犧牲家庭、健康等。本事，即創業者本身的興趣、專業在哪裡？是否有達到可以靠它吃飯的境界。本錢，在創業時有多少的資金可以運用，但她強調「人脈的建立也就是錢脈的來源」，她在草創時期，皆由朋友幫忙。本行，即從事自己專業的行業，若不熟悉仍須用心去分析、了解行業。

　　再者，創業者的特質，應該包括：「理念、價值、活力以及膽識等四個條件。」在理念方面，勇敢且明確定出自己的方向，

價值觀的建立，就是讓自己了解為什麼創業，價值定位後，才能努力不懈。活力是創業者個人形象的建立與保持，正面思考是成功的關鍵。僅靠堅持不懈的精神及堅毅果敢的特質，已無往不利了，但是戴姆克特卻說：「透過練習成功的人比靠天賦成功的人更多！」因為堅持不懈的艱苦工作從中創造了天才。因果法則中告訴我們，種子是想法，播種是行動，透過持續不斷地重複，使得正面思考與行動得以不斷地加強與強化。故成功的路徑即為：

知識→行動→重複→能力→成功

第四節　創業經營計畫書撰寫範本

（一）經營現況〔說明服務或產品之名稱、主要用途、功能、特點及現有（或潛在）客源〕

Ans：AA主要之營業項目為新產品研發與客製自動化加工（檢測）專用機設計，其服務對象小至個人的點子創意實體化，大至電子、傳統加工製造廠的加工（檢測）治具與自動化專用機設計。不同於傳統加工機械廠經營模式，AA是藉由現在電腦科技的進步作為連結客戶需求與傳統加工廠之橋梁。在合作初期，AA所擔任職責是將客戶的需求設計繪製出【研發】，讓客戶由圖面能看到自己新開發的產品或機臺外型，並藉由動畫模擬確認產品（治具或機臺）的動作是否符合所需。在幾次圖面來回確認後，便進入合作中期，此時AA擔任職責為客戶之整合發包廠【採購】，除製作組立圖與BOM外，便是負責將零件圖面發包

給各加工廠,掌握並跟催各零件的完成日期。最後進入合作後期,將陸續完成的加工零件,通知各加工廠統一集中送往合作的組立配電廠【生管】,由協力組立廠依據繪製的組立圖與BOM表組立配電,完成【製造】。

（二）市場分析（說明服務或產品之市場所在、如何擴大客源、銷售方式、競爭優勢、市場潛力及未來展望）

Ans：AA服務市場涵蓋各量產加工產業,除供應客戶創意點子的實體化外,對產品有量產需求之客戶,也提供提高製造效率與降低成本的服務。現有客戶來源,除原本配合的協力廠介紹外,合作過的客戶之後的良好評價,也間接幫AA納入更多的客源。AA深信在與客戶的互動、互助與對產品品質的堅持下,AA在未來能有更大的發展空間與機會。在中部機械業群聚效應與兩岸ECFA利基下,機械業產值將提升,首重研發,希望能藉由不斷的創新與開發,為更多的客戶群提供更多、更好與優質的服務。也期盼在與新能源、綠能、節能客戶合作研發的同時,有機會為未來的世界盡一份心力。

（三）償貸款計畫（請依據預估損益表,說明貸款還款來源、債務履行方法）

Ans：預估獲貸後第一年之損益如下：

營業收入	3,000,000
（如何估算）	
減：銷貨成本	(1,200,000)
營業毛利	1,800,000

減：人員薪資（3人，每月共計約100,000） (1,200,000)

管銷費用（可分以下四項） (98,400)

房租費（每月3,000×12） 36,000

水電費（每月1,200×12） 14,400

電話費（每月1,500×12） 18,000

雜支費（每月2,500×12） 30,000

營業淨利 501,600

減：營業外支出（利息支出1,000,000×2.125%） (21,250)

本期損益 480,350

生財器具折舊：$100,000 \div 5 = 20,000$

固定成本：$1,200,000 + 36,000 + 14,400 + 18,000 + 30,000 + 20,000 = 1,318,400$

第一年須利息：$1,000,000 \times 2.125\% = 21,250$

第二～六年本金加利息：$(1,000,000 / 5) + 1,000,000 \times 2.125\% = 221,250$

以第一年損益表，大約估算的利潤為480,350元，之後經營依保守估計，每年約有3%-5%的成長率，在無其他債務須償還之情況下，每年支付221,250元之本息，當有足夠的還本繳息能力。

第五節　創業投資的關鍵因素

　　人為什麼要冒險？有兩個主要驅動力。第一種是連最起碼的生存都出了問題，窮途末路、鋌而走險，我們大多數人的祖先，當年從大陸橫渡黑水溝來到有米可吃的寶島，是九死一生的大冒險，許多人連踏上島嶼的機會都沒有，就死在泥沼裡了，這是為

了繼續活下去所做的冒險。第二種冒險則是在完全相反的情境下
發生。當人在生活飽暖安全之後，開始有餘裕去思考人生最終的
價值，然後為了實踐自己的理想或是夢想決定出發去冒險，用心
理學家馬斯洛的說法，這是一種人類「自我實現」的驅動力。如
果你回想一下，會發現過去在探討人性時，多半也著重在人的缺
點、問題、毛病等方面。其實，我們大可幫助人找到自己的優
點，肯定自己做的好事，甚至發揮自己的天才，好好地活一生。
「冒險」的定義，我個人覺得，這一代的年輕人比功利世代的人
更有冒險精神，他們比我們更像《湯姆歷險記》裡有俠義心、正
義感、勇敢聰明的湯姆。或許，真正願意放棄冬眠，只為了看到
冬日絕景的人，不會是充滿功利思想的我們，而是懷抱著浪漫情
懷的這一代年輕人。

　　如果從「自我實現」這個角度來看兩代人的差異，年輕人明
顯的要比他們的上一代更具備「自我實現」的人格特質。年輕人
比上一代的人更能認清現實，也有比上一代更開闊的世界觀，更
能就事論事，少了許多舊的包袱。他們比上一代更崇尚獨立、自
由、民主、隱私及平凡生活，更不會墨守成規、盲從於世俗的價
值，他們比功利世代更有改變環境與社會的意願。

　　如果「冒險」的意義，不侷限於功利世代的人以功名利祿作
為人生成功的最終標準，例如：留洋拿博士、作生意投資賺大
錢，那麼現代的年輕人比上一代敢冒險的事情更多。

　　現代年輕人勇於真實面對自己的興趣，選擇了上一代人覺得
是很冒險的科系和職業，像是舞蹈、音樂、電影、體育、設計、
表演、文學，在我們那個世代，人人不問自己興趣，只敢讀理工
或是法商，只因為比較有出路。現代年輕人也比較能面對自己的

性向，勇於承認自己可能不被家人或社會接受的性向，勇於接受真實的自己，這也是一種冒險的行為。

儘管面對低薪、失業的惡劣大環境，年輕人卻不像上一代那樣，一輩子忠於一家企業，只求安全溫飽領到退休金。他們常常開除老闆，勇敢嘗試挑戰完全不同領域的職業和工作，甚至願意到國外打工旅行，收入微薄，但省吃儉用之餘，仍不放棄用最便宜的方式出國旅行看外面的世界。

其實他們並不是活在富裕中的孩子，當他們說他們在「工作」，並不一定表示在「賺錢」，他們常常只是為了興趣、朋友或是社會公益。他們了解現實的殘酷，但卻打算冷漠相對。他們比上一代知道自己要什麼，要冒險他們也甘願。年輕人會選擇當公務員是因為經濟環境太差，是別無選擇下的選擇，不敢創業也不是因為缺乏勇氣，而是面對殘酷事實的理性判斷。至於去美國的留學生人數大大銳減，是美國不再大量給臺灣留學生獎學金，上一代人的美國夢已碎，臺灣學生的選擇更多元。這些都與缺乏冒險精神無關。

看過一部來自香港的動畫短片《冬日休眠》，講一隻小刺蝟肥肥冒險的故事。每隻刺蝟都要藉著冬眠，躲避寒冷的冬天。可是有一隻小刺蝟肥肥因為身體脂肪很夠，到了冬天反而失眠了，牠很想知道冬天是什麼模樣，卻沒有一隻老刺蝟能告訴牠。於是這隻對冬天充滿了好奇和憧憬的小刺蝟肥肥，決定出發去看冬天的景色。牠終於親身體驗了冬天的溫度，冬天美麗浪漫的雪景，湖裡結冰的奇景。肥肥感到幸福、喜悅，但也很寂寞。最後牠沒有躲過生存的殘酷事實，凍死在結冰的湖面。肥肥體驗了所有刺蝟都不曾經歷的美麗冬天，代價卻是死亡。

第五章 股票投資的技巧

第一節 股票投資應注意事項

一、股票的類別

買股票其實買的是企業的未來，而未來的資訊是不會披露在當期的會計報表上的。一種買股票的正確心態是：買股票就是買企業的一部分，雖然這一部分可能性很小，在這種概念下，與其注視股價的波動，還不如關注企業的現在和未來。當然，最重要的是，不要買負債過多企業的股票。

依產業別分類的類股有：水泥股、食品股、塑膠股、紡織股、電機電纜股、電器股、化學股、玻璃陶瓷股、造紙股、鋼鐵股、橡膠股、汽車股、電子股、營運股、運輸股、金融保險股、觀光股、百貨貿易股、其他類股等。

（一）依股性分類

1. 績優股：績優股是指公司在三年內的業績或盈餘有良好表現，且具有成長性。

2. 大型股：大型股是指資本額大的股票，大型股因爲股本過於膨脹，使每股盈餘遭到稀釋，股價的表現則如牛皮一樣，沒有很活潑的表現。

3. 資產（重置）股：資產股是指公司具有相當數量的不動
   產，如辦公大樓或廠房土地在增值中，土地是主力炒作的
   題材，如農林、臺鳳、工礦等。另外一些上市公司擁有大
   批土地，以處理重置資產為號召，則土地的價值在短時間
   內大幅上升，如士紙、士電、南港、黑松等。

4. 投機股：投機股是指公司本業不佳，且無法配股配息，而
   且常常需辦理現金增資，當盈餘有轉機時作為炒作題材，
   股價的變動完全視主力與作手抬高股價的意願，購買這類
   的股票如果投資人不注意股票價量間的變化隨時撤出，可
   能會住進「總統套房」，如華邦電。

5. 小型股：小型股是指資本額較小的上市、上櫃公司的股
   票，由於本身流動在外的股票籌碼較少，只要一有利多或
   公司的業績不錯，很容易成為主力拉抬的對象。

6. 轉機股：轉機股是指未來企業的發展頗被看好，也頗受投
   資人認同的股票。漲幅最大的是轉機股，其次依序是高權
   值股、業績成長股、投機股與極落後補漲股，尤其是股本
   較小並兼市場題材的轉機股及業績成長股，漲幅相對較
   大，淺碟式的臺股經常會出現超跌或超漲的現象，評估各
   類股輪漲的格局及資金行情延燒並未結束，具題材性的個
   股應該還有高點可期，因此短線仍持續抱這種超級強勢的
   轉機股，等到股價來到原設定目標，才會獲利了結。

7. 冷門股：冷門股是指這類股票每日成交量很少，即使是多
   頭行情也難看到量的出現，該類股票漲時不易買，跌時不
   易賣。

8. 主流股：主流股是指在不同時期股票的基本面或題材，獲

得當時投資人普遍認同者，如1985年至1990年的主流股是金融保險股；到了1995年至現在仍是以高科技的電子股、DRAM、網路股、通訊類股領軍。

9. 金控概念股：金控公司開辦後，「金融百貨公司」的趨勢成形，金融商品琳瑯滿目，非金控公司又紛紛推出整合式交叉銷售的金融商品，藉此突破金控公司的強大競爭壓力。金控時代來臨，金融市場正在進行一場大革命，在未來金融機構將呈現兩極化的發展，一是朝向大型化、國際化的方向發展，未來也仍有一波的金融機構合併動作。金控概念股是否納入投資組合？金融題材是否可發酵形成投資組合有兩個重點：一是金控公司的組合是否具備相輔相成的效果，才具有理財套利空間。二者，金控公司未來的經營效益如何？投資人可以利用部分金控股份有限公司已對外公布旗下金融事業間的換股比例，依據公司目前市價，推算出子公司在未來的換股價值。以現行股票現值和未來換股差距逾25%來看，就算股市表現不好，這類個股仍會有不錯的抗跌性。

（二）依股票權益分類

有下列三種：1. 普通股、2. 特別股、3. 受益憑證。

二、股票投資的基本分析

（一）基本面分析

基本面分析著重於公司的盈餘成長與大環境中國家的整體經濟、產業前景等指標，以作為投資股票的標的。

1. 整體環境（外在分析）

包括大環境中機會與威脅，其中如政治、經濟、社會、教育、匯率、國際股市的變化等均是考慮的因素。

2. 產業分析

包括產業受經濟景氣的週期變化、產業生命週期、競爭力、資本投資成長、原物料價格的波動、稅率的結構，均會影響產業的獲利性。

3. 公司的內部分析

包括公司內部的優點與弱點作一全盤的分析，內部分析又可分為一般分析與預測短、中、長期之分析。

(1) 一般分析

是指公司的獲利能力、短期償債能力、財務結構、成長率、資產運用效率及經營品德等分析。

A.償債能力分析

a. 流動比率（流動資產／流動負債）

此種比率用以測定企業短期償債能力之強弱，亦即表示每一元短期負債可有若干元流動資產以供清償；此種比率愈高，短期償債能力愈強。理論上，一般認為流動比率維持在200%以上，方屬於穩健原則之要求，惟就我國企業現況，若超過100%以上，即屬正常。

b. 速動比率（速動資產／流動負債）：速動比率或稱酸性測驗比率，速動資產係指現金、銀行存款、及變現性較快之有價證券、短期投資、應收票據及應收帳款等。此比率乃測驗企業清償短期負債之能力，亦即每一元短期負債，有若干元變現資產可供清償。理論上以100%為適宜，愈大愈佳，惟就我國企業現況，

維持50%以上即屬正常。

B. 經營效能分析

a. 存貨周轉率（營業成本／存貨）：表示存貨之周轉次數與周轉期之長短，周轉次數較多或周轉期間較短者，則銷貨能力較強，經營能力亦較佳；反之，表示產品有滯銷現象。

b. 應收款項周轉率（營業收入／應收款項）：應收款項由銷貨產生，其周轉率愈大，表示收款能力愈強，有利於資金調度。

c. 固定資產周轉率（營業收入／固定資產）：用以測定固定資產之生產力與營業收入是否恰當與有效率，並間接測知固定設備是否有閒置現象，此種比率愈高愈佳。

d. 總資產周轉率（營業收入／資產總額）：此種比率愈高，表示運用資產產生之營收能力愈強；反之，則表示運用資產之能力欠佳。

e. 股東權益周轉率（營業收入／股東權益）：係用以測知自有資本之營業活動能力，次數愈多愈佳，亦表示經營者對自有資本之運用效率愈高。惟若有虧本傾銷之情況，則另當別論。

C. 獲利能力分析

a. 營業成本比率（營業成本／營業收入）：表示每一元營業收入所支付成本之百分比，營業成本比率愈高，則營業毛利愈低，獲利能力愈小；反之，營業成本比率愈低，獲利能力愈強。

b. 管銷費用比率（管銷費用／營業收入）：經營企業要想獲得優厚之營業利益，就必須嚴格控制管銷費用，費用支出愈少，所獲得之營業利益愈多；反之，管銷費用之開支愈大，則獲利愈少。

c. 財務費用比率（財務費用／營業收入）：此種比率用以測

定財務之負擔，財務負擔重則獲利能力低，財務負擔輕則獲利能力高，因此該比率愈低愈好。

　　d. 淨利率（稅前損益／營業收入）：在測定獲利能力之高低，不宜單憑金額之大小而評定其獲利能力，應與營業收入相比較，故此比率愈高愈佳。

　　e. 股東權益報酬率（稅前損益／股東權益）：投資之目的，在於獲利，而投資報酬之大小，應視稅前損益與股東權益兩者之關係，方可判定其經營之成效。若每一元股東權益所獲的利益愈高，表示企業之經營成效良好，故此種比率則愈高愈佳。

　　f. 總資產報酬率（稅前損益／資產總額）：每一元總資產能產生若干元之損益，可以表示企業對資產總額之運用成效與效率，此種比率愈大愈好。

　　D. 成長率之分析

　　根據企業最近三年之財務報表，就其營業收入、損益、資本及股東權益各方面計算其增減情況，用以評估該企業是在成長或衰退中，檢查手中持有股票的公司其五年的成長情況如何？

　　a. 近五年淨值報酬成長率。

　　b. 近五年銷售成長率。

　　c. 近五年以上之擴廠準備金。

　　d. 近五年以上轉投資金額。

　　(2) 中、短期分析

　　A. 本益比 $\left(\dfrac{\text{股價}}{\text{淨利}}\right)$ 。

　　B. 本利比 $\left(\dfrac{\text{股價}}{\text{股利}}\right)$ 。

　　C. 保留盈餘率 $\left(\dfrac{\text{EPS}}{\text{股價}}\right)$ 。

D. $\dfrac{\text{帳面價值}}{\text{市價}}$ 。

E. 轉投資金額。

F. Q 比率（Tobin's Q Ratio）， Q 比率 $= \dfrac{\text{負債與權益之市價}}{\text{資產重置價格}}$

（Q比率大於1，表示投資人對公司評價甚高；Q比率小於1， 表示投資人對公司之經營能力不具信心，易成爲購併對象。）

(3) 長期分析

分析的期間比較長，大多以五年的時間爲評估標準。

(4) 財務報表分析

A. **趨勢分析**：在不同期間同月分，一段長期的**趨勢觀察**。

B. 比率分析之四種分析法

　　a. 流動能力分析：流動比率分析、速動比率分析。

　　b. 資本結構分析：負債淨值比、利息保障倍數。

　　c. 資產周轉能力分析：資產周轉率、應收帳款周轉率。

　　d. 獲利能力分析：ROE、ROA。

三、股票投資的技術面分析

（一）技術面分析

技術分析的指標包括K線理論、移動平均線理論、道氏理論、艾略特波浪理論、RSI相對強弱指標、乖離率、K-D隨機指標、OBV能量指標及RSY心理線的技巧，在作投資時，「從中學習」，先從小處著手，因爲各種技術分析均有其不同的適用性，如果等到完全準備好了再投資，可能報酬已下降，或甚至無報酬了。投資要有技巧與恆心，如果是以「兩天捕魚，三天晒

網」的心態投資，即使有高超的技術分析，那麼賺錢也可能是運氣好，賠錢也應該要認賠吧！

有人不敢貿然進入股市投資，投資人認為沒有專業知識，貿然進入投資，只會造成血本無歸，但是，如不投資，對於股票之資訊與財經大事，會有事不關己的態度，不會特別去注意與關心，有了投資之後，才會特別關心每天的大盤盤勢，及國內外的財經情勢變化，對於以前難懂的財經議題，如兩稅合一，也會因投資而熟悉了！所以，光是講理論，不如親自進場操作，在感覺上就像隔層紗，也無法去感受與了解投資的精髓。

1. K線理論

K線理論最早起源於日本德川幕府時代，大阪堂島的米市交易，經過二百年的演進與發揚，才修正成為現在的形態。

K線乃是利用一天交易的開盤、最高、最低與收盤共四個交易價格，來繪製商品每日多空力量的消長與走勢。K線若以時間劃分，可分日線、週線與月線，其繪製方法有美式與日式兩種，一般而言，我們目前廣泛使用的K線是從日本傳入我國，其常見的形態有陽（紅）線、陰（黑）線與十字線。其顏色是在提醒投資人注意當日的交易強弱，是開高走低或開低走高，如圖1 K線圖的強弱形態。K線代表股票市場買賣雙方勢力的指標。紅線體愈長，即表示買方勢力遠超過賣方勢力；反之，黑線體愈長，則表示賣方勢力遠超過買方勢力。

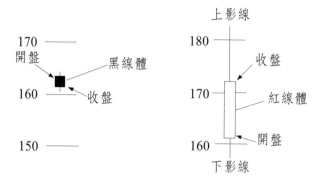

圖1　K線圖的強弱形態

2. 移動平均線理論

移動平均線（moving average）是根據股票的收盤價，求出6日的平均價格、12日的平均價格、24日的平均價格、72日的平均價格、144日的平均價格，與288日的平均價格，而得到6日移動平均線又稱週線，24日移動平均線又稱月線，72日移動平均線又稱季線，144日移動平均線又稱半年線，與288日移動平均線又稱年線。

從移動平均線的走勢可以研判多空走勢，而且也透露出買賣訊息，如短中長移動平均線若出現多頭排列，將會有一段大波段多頭走勢。反之，若空頭排列形成，股價走勢通常會有一段空頭走勢，但運用此方法之先決條件是要有恆心，即使是共同基金，投資人也必須至少一星期看一次基金淨值，並計算過去連續39個星期的移動平均值，然後與基金目前的價格比較，如果價格高於移動平均呈上升走勢，便是買進訊號；反之，呈下滑走勢，則是賣出訊號。

3. 道氏理論

道氏理論（Dow Theory）由美國Charles H. Dow於1884年9月4日，採用華爾街股市之十一種股票價格，觀察平均數的走勢與波動狀況，所以，有人稱道氏為技術分析的開山祖師爺。道氏理論的股價趨勢有三種趨勢，分別為主要趨勢、次級趨勢、細微趨勢，而且對於股價之走勢有六大主張，說明如下：

(1) 成交量必須與趨勢配合（volume must confirm the end）。

(2) 市場平均數間可以互相驗證（the average must confirm in the end）。

(3) 市場上有三大趨勢分別為主要趨勢、次要趨勢、細微趨勢，其波動的時間分別為一季至數年之久，為大波浪；三週至一季，為小浪花；三週以內波動，為碎浪。

(4) 主要趨勢則分為初波段、主波段與末波段。

(5) 市場的平均可以反映股市的任何事情。

(6) 除非有反轉訊號出現，否則趨勢不會輕易改變。

4. 艾略特波浪理論

艾略特波浪理論（wave principle）是艾略特（Ralph Nelson Elliott, 1871-1948）根據美國華爾街股市過去五十年之道瓊平均指數，觀察及模擬股票的走勢。艾略特認為金融商品的價格波動，與大自然的潮汐波動一樣，具有規律性，有如波浪一樣，有高潮與低潮，如果一個完整之波浪週期可分為一個攻擊波（impulse wave）及一個調整波（collective wave），而每一個攻擊波又包含了1, 2, 3, 4, 5個上升波浪，調整波包含I, II, III此三個調整波浪，如圖2艾略特波浪圖所示。

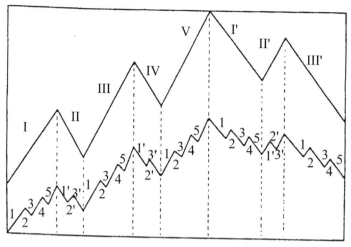

圖2　艾略特波浪的結構

5. 技術性指標

(1) RSI（relative strength index）相對強弱指標

RSI是指相對強弱指標，它代表短、中期的價格走勢之相對強弱幅度，臺灣市場所使用的習慣有6日、9日、12日、24日、30日、72日等，最常使用6日RSI與12日RSI，分別代表超買區與超賣區的數值如下：

	6日RSI	12日RSI
超買	80	70
超賣	20	30

$$RSI = 100 - \frac{100}{1 + RSI}$$

$$RS（相對強度）= \frac{N\,日內漲幅之平均}{N\,日內跌蹞之平均}$$

$$= \frac{EMA_{(U,\,n)}}{EMA_{(D,\,n)}}$$

$EMA_{(U,\,n)}$：U在n日內的指數平均值。

$EMA_{(D,\,n)}$：D在n日內的指數平均值。

但RSI會出現指標鈍化的現象，意指市場連續數日漲勢或跌勢現象時，使得RSI進入超買區或超賣區，即使出現持續大漲或大跌，指標卻只出現些微的增減。

(2) 乖離率

乖離率（bias）是運用統計方法看股價偏離移動平均線多遠，來決定買賣點時機的一個指標。若以10日的乖離率而言，如果股價的波動在常態分配5%至+5%之間，股本較小則範圍會落在10%至+10%之間，意指當乖離率高於或低於上述範圍，則代表股價已經進入超買區或超賣區，則投資人可以考慮賣出股票或買進股票獲利。其計算公式如下：

$$乖離率 = \frac{當日股價收盤價 - N\,日股價平均}{N\,日股價平均} \times 100\%$$

(3) K-D隨機指標

隨機指標較適用於期貨商品，在極短線的敏感性分析，它融合了強弱指標、量能指標與移動平均線的優點。原名為stochastic為Dr. Geoge Lane 所創，以9日週期的K-D線說明其計算方法：

第一：先計算RSV值（row stochastic value）

RSV值＝（第9日收盤價－9日內最低價）÷（9日內最高價－9日內最低價）×100

第二：求K值、D值

K值＝〔（當日RSV值×1）/3〕＋〔（前一日K值×2）/3〕

D值＝〔（當日K值×1）/3〕＋〔（前一日D值×2）/3〕

故K值為RSV值的三日移動平均線；D值又為K值的三日移動平均線，當K值大於D值時，K值向上突破D線時，為買進訊號。反之，若D值在70以上，表示買超現象，D值在30以下，表示賣超現象，K值與D值在75以上區域時，表示買超現象，兩者在25以下交叉，則表示賣超現象。

(4) OBV能量指標（on balance volume）

OBV能量指標是指成交量通常比股價先揭露股價未來的走勢，因為成交量是股票市場的元氣，元氣充足，則表示有買盤接手，所以，當OBV緩慢上升時，代表有買氣逐漸加強，為買進訊號；OBV急速上升，則表示買氣力道迅速放大，有可能會拉回整理。OBV下跌，則表示買盤無力，有反轉向下的趨勢；若股價下跌、OBV上升，則表示低檔買盤接手轉強，有可能是買進訊號。

(5) PSY心理線

心理線（psychological line）是指投資人受股價連續上漲或下跌之心理影響，會造成投資人出現追漲或殺跌的現象，使得投資人作了錯誤的判斷；心理線是在觀察股票市場中投資人之心理

傾向，其計算公式如下：

$$心理線 = \frac{12\ 日內的上漲天數}{12} \times 100$$

如：PSY值在25%以下或75%以上，則表示有超賣或超買現象，股價回升上漲或回檔下跌之機會大增。反之，PSY值在25-75%之間，則為正常情況。

（二）主升段的漲幅大於初升段

投資股票有賺有賠，最起碼要先保本，不能孤注一擲，也不能永遠固執在死多頭或死空頭，均須保持客觀，順勢而為，只要好好把握住可以大賺的幾次機會，因為主升段的漲幅大於初升段，把握住機會就能補足或勝過先前累積的虧損。貝他係數能夠衡量個別證券相對於市場投資組合的變動程度，「貝他值」是用來衡量基金或股票「系統性風險」的一種係數，其計算方式為過去十二個月基金或股票月報酬率對同期市場月報酬率做迴歸，估計斜率係數而得。科技股或科技基金的貝他值多半大於1，亦即對大盤的波動較為敏感，因此被稱為景氣循環敏感股；而醫療、公用事業等類股的貝他值較小，股市下跌時相對抗跌，通常被稱為「防禦性類股」。股市復甦階段具有高貝他係數的科技股成長機會最大，因此投資人不妨趁股票指數震盪拉回時，進場布局貝他值較高的科技股，將有一波段的行情可期。

（三）元月效應

元月效應帶給投資人幸福感，美股元月效應發酵，也帶動了2002年第一週全球股市走勢強勁，美股三大指標全面走高，半導體股更是領頭強攻要角。由於基金經理人在新的一年開始往往會

重新建立基金持股，加上第一季年終獎金及退休金重新進場，根據過去的統計分析，臺股元月效應機率分別達到七至九成，在各國股市發酵的情形中更發現，歷年一、二月的確往往是一年中股市報酬相對較佳的季節，尤其以臺股及印度股市最為明顯，而那斯達克及美國羅素2000小型股指數過去十年發生元月效應的機率也高達七成。因此，建議投資人正值股價拉回時，宜逢低進場布局，以分享開年第一季開始的元月效應行情。表18則顯示歷年元月效應對主要股市的影響。

表18　歷年元月效應對主要股市影響

	一、二月平均每月漲幅（%）	一、二月以外月分平均每月漲幅（%）	過去元月效應發生機率（%）
印度股市	6.3	0.2	99
臺灣股市	5.6	0.1	99
菲律賓股市	4.1	0.2	97
泰國股市	3.3	0.4	96
香港股市	3.1	0.5	95
美國那斯達克股市指數	2.99	1.01	70
印尼股市	2.8	0.7	82
馬來西亞股市	2.6	0.1	97
美國羅素2000小型股指數	2.53	0.6	70
新加坡股市	2.3	0.1	96
美國道瓊工業指數	1.59	1.01	65
韓國股市	1.4	0.6	75

資料整理：Blooberg CISA，英商寶源投顧。

四、心理面分析——情緒放一邊

投資最難的莫過於準確預測未來，但如能「沉得住氣」，把情緒的魔咒放在一邊，不要讓情緒影響投資的決策，則理財致富不是不可能。在理財的領域中，永遠不必擔心起步太晚，就怕不開始，不管是新手、老手，為自己選擇一個「好」的投資工具，並學習克服在理財時的情緒干擾，才是投資理財的贏家。

第二節　利用融資融券交易股票應注意事項

目前國內證券市場每日交易量的40-45%屬於信用交易，10-15%屬於資券相抵，足見融資融券已成為投資人參與市場的重要方式。實際上，目前市場已有四家證券金融公司及五十餘家自辦證券商提供融資融券服務，投資人只要具備一定的交易紀錄、財力證明等條件，即可開立信用交易帳戶，利用融資融券方式在股市多空時期進行更為靈活的操作，以獲取更高利潤。所謂融資，即是在買進時，由授信機構提供60%資金，投資人準備40%自備款；而融券則是在投資人向授信機構提供有價證券市價120%的保證金後，先行借券賣出之意。因此，在行情看漲時，投資人可利用融資方式擴張信用；行情看跌時，則可利用融券方式規避風險，無論股市處於多頭或空頭，投資人均可因信用交易而游刃自如。目前融資融券期限為半年，期滿得展期一次，因此，每筆交易最長期限可達一年。以臺灣股市特性而言，每年均有數個較大幅度的波段行情，故投資人應善加掌握，利用融資或融券的操作方式擴大獲利空間。當然，授信機構為確保債券，均

會於每個營業日對個別投資人計算其整戶擔保維持率，當維持率低於120%時，即在次日開盤時起，於市場處分維持率不足之有價證券，若處分後價款不足償還，則尚需向投資人追討。因此，投資人於使用融資融券交易時，除應對行情作精密研判外，仍須注意擔保維持率狀況，以免發生類似2000年10月至11月全面性追繳的情況再次出現。因此，要作一個在證券市場常勝不敗的精明投資人，實應對融資融券方式作更深入的了解。如有任何疑問，請至各大證券金融公司或自辦證券商網站查詢。

一、股市投資四大須知

投資人，投資股票算是參與人數及層面最多及最廣的投資活動，投資股市有幾項要注意的地方。

（一）務必設立停損點

捨不得認賠砍出股票是許多人所無法克服的心理因素，也是股票賠錢者的最大共同通病。設立停損點的好處在於能控制最大的可能損失金額，同時也是保留實力以等待下次多頭市場時找尋適當買點。

（二）切勿於股市投入過多的資金，並且過度擴張信用

投資股市如果資金是向銀行借款或是以融資方式來購買股票，股價大漲時並不會產生問題，大跌時就開始產生問題了。資金產生排擠效果，向銀行借款則會有無法清償借款的困境。

（三）切勿逆向操作，在多頭市場時看不慣某些股票漲幅太大

1. 常對盤面上的強勢股融券放空是最不明智的作法。
2. 留點錢讓別人賺，只要是在自己可以接受的價位內就當機

賣出。

3. 切勿猶豫不決當已確定要投資某一檔個股時，即使當天是上漲格局，也必須當機立斷予以敲進。許多人常容易犯一個毛病，就是當股票上漲時買不下手，因為成本比前一個交易日提高了。

（四）長抱價值型股票也能賺錢

　　不要小看每年20%的報酬「以72法則」（72除以每年報酬率，即得出投入資本翻倍所需時間）計算，等於每3.6年資產就會翻倍。每年投資50萬元買價值型成長股，如果連續五年報酬率能達到20%，五年後就會增加至575萬元。

　　「挑得對、買得便宜、擬好操作策略，才是長抱價值型股票的重要祕訣。」首先選股上，會選擇三至五年內的ROE（股東權益報酬率）12-20%、現金殖利率4%以上的標的，除了年年穩健獲利，公司也最好是處於該產業恆久不變的龍頭地位。即使是「零成長的公司」，ROE在12%以上就算很不錯，這以中華電信為代表。至於臺積電這類仍具成長性的公司，ROE就可以抓在15-20%。此外，要會以企業「盈餘品質」（又稱為營業現金流對淨值比＝營業現金流量／稅後淨利）作為觀察指標，一般來說，最好大於100%，代表自由現金流量充沛，不過考量部分公司獲利成長時，也需要一定資本支出，而導致現金流量產生負值，因此現金流量值設定最低不得低於60%。

　　要堅信價值投資股票原則，當股票大跌就是最好的進場時機，逢低加碼大統益、中碳、中華電、臺積電或是EiF0050等股，這個加碼動作就是長跑折值型股票的投資策略。

第三節　認識股價加權指數

一、臺灣股價指數、美國股價指數、日本股價指數、英國股價指數、德國及法國股價指數、世界性的股價指數

　　「股價指數」（Stock Price Indices）是利用股市部分或全部的股票為樣本，比較當時與所選擇基期的股價水準，以反應股價水準當時的市場趨勢。

　　股價指數的計算方法可分為「簡單算術平均數」及「加權指數」兩類。前者「簡單算術平均數」的計算方式簡便易懂，後者的指數則多以加權的權數方式計算。前者未以數量來加權，容易使指數意義失真。世界各工業國幾乎同時有算術平均及加權平均之股價指數，係因早期的股價指數多以算術平均的方式計算，沿用至今；世界沿用已久的聞名指數如美國的「道瓊工業指數」、日本的「日經指數」、英國的「金融時報普通股指數」等，並未加權，當所選取的樣本公司股價上漲，而其他多數股票價格下跌時，較易造成失真的現象。後者所發展的股價指數如「標準普爾綜合指數」、「東京證交所指數」、「金融時報精算指數」等，則為加權指數，這類指數變動時，大型股因比重較高，對股價指數的變動較大；而這些指數的樣本數較大，可避免因少數大型股股價變動而出現大幅波動，較能反應股價漲跌的真實狀況。「加權指數」最常見的計算方法為「巴式指數」（Passche Index或稱柏式、裴式指數）及「拉式指數」（Laspeyres Index），巴式指數是以計算期的量來加權；拉式指數是以基期的量來加權，因

此，巴式指數比較能反應計算期的現象。

（一）臺灣股價指數

　　臺灣的股價指數有「臺灣證券交易所股價加權指數」、「經濟日報股價平均指數」及「工商時報股價指數」，實際上，投資人只會注意交易所股價加權指數，不太關心《經濟日報》或《工商時報》所編製的指數。臺灣證券交易所於1962年2月採用簡單算術平均數作為股價指數；於1971年改採股價加權指數，利用「巴氏公式」（以計算期的發行量加權）來計算，如：交易所股價加權指數，股價指數是代表當期與基期股價水準的比較，用來判斷行情的走勢高低。「經濟日報股價平均指數」不以發行量來加權，指數基期為1973年1月4日選樣之股票的市場價值。當樣本公司增資或除權時，就要修正。「工商時報股價指數」不以發行量來加權，指數基期為72年，指數基期為400點，除權時不要修正，對股價的變化較敏感。

（二）國外股價指數

　　美國、日本、英國的股市規模最大，其次為德國、法國、加拿大等國。以下討論美國、日本及英國的主要股價指數。

1. 美國股價指數

　　美國的股價指數眾多，僅介紹「道瓊工業指數」（DJIA）、「標準普爾綜合指數」（Standard & Poor's Composite Indices）、「紐約證券交易所指數」（NYSE Indices）及「那斯達克指數」（NASDAQ Indices）。美國其他較著名的股價指數，尚包括「市場價值指數」（Market Value Index）、「價值線指數」（Value Line lndex）、「威爾雪指數」（Wilshire 5,000

Equity Index）、「羅素指數」（Russell 2,000 Index）。

(1) 道瓊工業指數（Dow Jones Industrial Index, 簡稱DJIA）

道瓊工業指數（DJIA），至1997年爲止，該指數所採用的樣本爲紐約證券交易所中的三十家大型公司，這些公司股票俗稱爲「藍籌股」（Blue Chips），如IBM、GM、GE、AT&T等著名企業。

「道瓊工業指數」爲一算術平均數。採樣的公司數目有三十家；但由於樣本公司在發放股票股利、股票分割、公司合併等事件後，流通在外的股數產生變化，指數必須加以調整。由於「道瓊工業指數」的樣本都是大型公司，樣本數又低，指數的變動代表大型公司的股價變化，對於整個市場的描述性並不完整。道瓊世界股價指數（Dow Jones World Stock Index），表示世界股價的變動狀況，稍後這個指數擴充至十三個國家，目前《華爾街日報》每日刊登此一指數。道瓊工業公司以編製財務資料聞名世界，該公司於1993年1月以歐、美、亞太平洋地區十個國家中的二千二百多家公司的股價，來計算「道瓊世界股價指數」。

(2) 標準普爾綜合指數（Standard & Poor's Composite Indices）

標準普爾公司（Standard and Poor's）是國際著名的財務評等公司，該公司編製了數種股價指數，最常使用的爲「標準普爾500指數」（S&P 500 Index），或稱爲「標準普爾綜合指數」（S&P Composite Indices），標準普爾公司曾於1976年大幅修改樣本（標準普爾綜合指數雖爲加權，但並不是巴氏指數，亦非拉氏指數）。「標準普爾綜合指數」是以紐約證券交易所（NYSE）中的五百家公司爲樣本，所計算出的指數。

(3) 那斯達克指數（NASDAQ Indices）

「美國全國證券商協會（NASD）」編製了七種店頭市場股價加權指數，包括綜合、工業、銀行、保險、其他金融、運輸、公共事業等指數，基期為1971年2月，其中綜合指數（NASDAQ Composite Index）的樣本為店頭市場所有上櫃股票。由於美國許多科技股是在店頭市場上櫃，因此，近年來「那斯達克工業指數」明顯波動時，臺灣電子類股的行情亦隨之變動。

(4) 紐約證券交易所指數（NYSE Indices）

1966年紐約證券交易所本身計算了五種股價指數，如綜合、工業、公共事業、運輸、金融等指數，其中「綜合指數」（NYSE Composite Index）的樣本為紐約證券交易所的所有上市股票，為一加權指數。由於美國大多數著名的股票是在紐約證券交易所上市，美國投資人也常參考該指數來判斷股市行情的變化。

2. 日本股價指數

日本目前共有八個證券交易所，其中以東京證券交易所（Tokyo Stock Exchange）的規模最大。東京證券交易所區分為兩個部分，資本額較大的上市公司列為第一部，交易熱絡；資本額較小的上市公司列為第二部。

(1) 日經指數（Nikkei Average Index）

東京證券交易所在1949年重新開業之後，便採用「日經指數」為股價指數。日經指數的英文為「Nikkei-Dow Jones Index」，其中含有「道瓊」兩字，係因「日經指數」與美國「道瓊工業指數」的算法相同而取名，不過日經指數股票樣本數較大，包括了東京證券交易所第一部的二百二十五個上市公司。雖然日經指數的樣本數比「道瓊工業指數」多，但小型公司的股

價對指數的權數卻和大型公司一樣，使得日經指數所反應的股價變化具有偏差。

(2) 東京交易所股價指數（Tokyo Stock Exchange Index, Topix）

有鑑於日經指數的缺點，東京證券交易所於1969年7月公布了新的股價綜合加權指數：「東京交易所股價指數」（TSE Price Index Topix），基期為1968年1月4日（收盤價），該指數的樣本為東京證券交易所第一部所有的上市公司（一千多家公司），涵蓋了二十八個不同產業的大小企業，較能真實的反應股價的整體變化狀況。

(3) 東京交易所第二部股價指數（TSE II Index）

除了上述以第一部股票為樣本的指數之外，東京證券交易所也以第二部的上市公司為樣本，編製了「東京交易所第二部股價指數」（TSE II Index），此一指數反應東京證券交易所較小型股票的股價水準（樣本有四百多家公司）。

3. 英國股價指數

英國《金融時報》（*Financial Times*）以倫敦證券交易所的上市股票編製了數種指數，最常使用的股價指數簡介如下。

(1) 金融時報普通股指數（Financial Times Ordinary Share Index）

「金融時報普通股指數」的樣本採倫敦證券交易所的三十家大型公司，因此又稱為「金融時報30指數」（FT-30 Index），這個指數的樣本數和美國道瓊工業指數相同，共有三十家大型公司為樣本，但FT-30指數是以報酬率的幾何平均數來計算。

(2) 金融時報精算指數（Financial Times Actuaries Share Indices）

「金融時報精算指數」（FT Actuaries Indices）是以倫敦證券交易所上市各類股票價格爲準所計算的指數，因樣本之不同而有好幾種。金融時報世界精算指數（FT Actuaries World Indices）是由英國金融時報（Financial Times）、高盛證券公司（Goldman Sachs）及精算協會（Actuarial Association）所編製的指數，該指數以二十四國家、二千多種股票的股價來計算，基期爲1986年12月31日，並以不同貨幣來表示這些指數。

4. 德國及法國股價指數

(1) 德國股價指數（German Stock Indices）

德國有三個重要的股價指數，分別爲「Commerz Bank指數」、「DAX指數」、「FAZ指數」。Commerz Bank指數是由Commerz銀行，以德國聯邦證券交易所股票所計算出的股價指數。DAX指數（Deutscher Aktien Index）是由德國聯邦證券交易所（FGSE）編製，以其交易最頻繁的三十種股票之股價來計算。FAZ指數是由FAZ日報（Frankfurter Allgemine Zeitung）以德國聯邦證券交易所，前一百大公司所計算出的股價指數。

(2) 法國股價指數（French Stock Indices）

法國最著名的股價指數爲「CAC 40指數」，該指數是出自於巴黎證券交易所（PSE）以其前四十大上市公司的股價來編製；另外，樣本數較大的股價指數爲CAC 249一般指數。CAC（Cotation Assistée en Continu）是巴黎證券交易所電腦系統的名字，CAC 40與CAC 249股價指數便是以該系統來命名。

5. 世界性的股價指數

摩根史坦利國際資本公司是國際間的證券機構編製的一種股價指數，以顯示世界主要股市的股價變化狀況，以下簡述部分指數：

(1) 摩根史坦利指數（Morgan Stanley Capital International，簡稱MSCI）

摩根史坦利編製了三個國際股價指數、十九個國家股價指數、三十八個國際工業指數，這些指數皆為加權指數。例如：「摩根史坦利國際資本指數」（Capital International World Index）就包括了世界各國的股價狀況。摩根史坦利國際資本公司位於日內瓦（Geneva），編製各類國際性的財務資料，在世界上享有盛名。就該機構所編製的股價指數而言，其中有一些廣受各國投資機構的重視，根據世界著名的徵信公司調查，全球有70%以上的基金公司以摩根史坦利指數的樣本股票作為投資標的。

(2) 歐澳遠東指數及新興市場自由指數

摩根史坦利編製與遠東國家有關的股價指數中，較著名的為歐澳遠東（Europe, Australia, Far East，簡稱EAFE）指數」及「新興市場自由（Emerging Market Free，簡稱EMF）指數」。例如：摩根史坦利公司在1996年6月10日宣布，於1996年9月2日將臺灣股市的股票納入EMF指數之計算，臺灣投資人即因預期外資可能會大量流入，而使股價大漲。摩根史坦利公司為美國的大型投資銀行，投資銀行主要從事與證券相關之業務，以營業金額而言，美商美林（Merril Lynch）、所羅門兄弟（Salomon Brothers）、第一波士頓（First Boston）、高盛證券公司（Goldman Sachs）、奇德比伯弟（Kidder Peabody）、摩根

史坦利（Morgan Stanley）等公司，均是美國最大的投資銀行。
而摩根史坦利在臺灣分公司，則爲「臺灣戀世股份有限公司」。

第四節　何謂財務結構與資金成本

一、影響公司財務結構之因素

影響公司財務結構之因素如下：獲利能力、盈餘變異性、成
長率、稅盾大小、資產擔保價值、資產結構、公司規模、產業
風險、內部經理人持股比例、經營者的態度、貸款金融機構的
態度。

二、營業槓桿及財務槓桿

（一）營業槓桿（Operating Leverage）

又稱第一槓桿，是指公司在營運中，固定成本使用的程度，
固定成本占總成本的比例愈高則槓桿愈高，如鋼鐵、電力、造紙
業使用的營業槓桿就很高，但電腦軟體公司、百貨公司則營業槓
桿較低。公司的營業槓桿愈高，則損益兩平的銷售量也應愈大。

（二）財務槓桿（Financial Leverage）

又稱第二槓桿，是指公司使用負債與特別股等固定收益證券
來融資的程度。程度愈高，財務風險愈大。槓桿程度只是一種彈
性觀念，並不代表公司的絕對好壞，故槓桿有兩重點分述如下：

1. 一個公司可經由長期融資決策，決定其財務槓桿及伴隨而
來的財務風險。

2. 一個公司可經由資本預算決策，決定其營業槓桿及伴隨而
   來的事業風險。

三、加權平均資金成本

欲使公司的價值極大，必須先使所有投入之成本極小，當然
也包括了資金成本，爲了使資金成本極小，就必須先了解資金成
本如何計算？

（一）加權平均資金成本（Weighted Average Cost of Capital, WACC）之意義

1. 資金成本是一個加權平均成本。
2. 資金成本是一個稅後成本。
3. 資金成本是一個新增成本。
4. 資金成本不是會計成本，而是機會成本概念。當計算資金
   成本時，均假設有最適資本結構存在。

（二）加權平均成本公式

$$R_a = W_d \cdot R_d (1-T) + W_{pf} \cdot R_{pf} + W_s \cdot R_s + W_e \cdot R_e$$

W_d, W_{pf}, W_s, W_e 分別代表負債、特別股、保留盈餘與新普通
股之權重，理論上用市價，亦可用帳面價值評估。

（三）加權平均成本項目

以資金成本用於長期投資決策的觀點探討長期負債、特別
股、保留盈餘、普通股等資金來源，應作爲資金成本項目。

通常財務管理良好的公司不會將非自發性短期負債作長期用

途（根據配合原則），故不必將此部分考慮。

故資本項目及符號如下：

資本項目	符　號
負　債	$R_d = R_{d1} (1 - T)$
特　別　股	$R_{pf} = \dfrac{D_{pf}}{P_n}$
保留盈餘	R_s
新普通股	R_e

1. 負債成本

考慮稅後為新負債利率（R_d），以稅後（net income）求算之。

2. 特別股成本

如公司打算發行每股面值100元，且股利支付率為12%的特別股，其發行成本為每股市價的8%，特別股市價為98.25元，則新特別股成本為：

$$R_{pf} = \frac{D_{pf}}{P_n} = \frac{100 \times 12\%}{98.25 \,(1 - 8\%)} = 13.28\%$$

3. 保留盈餘成本

保留盈餘成本就是指公司的機會成本，其所必須賺得的報酬率至少不應低於普通股股東自行將盈餘投資在風險類似公司所能賺得的報酬率，通常以普通股必要報酬（普通股成本）當作保留盈餘成本。有下列三種公式求算：

(1) CAPM法

$R_s = R_f + (R_m - R_f) \beta$

R_m：市場的報酬率

R_f：無風險利率（相當一年期定存利率）

β：系統風險

R_s：股東或投資人要求的必要報酬率

(2) 折算現金流量法（Discounted Cash Flow，簡稱DCF法）就是把這家公司未來會產生的所有現金流，都換算成現在價值的一種計算方式，就是打折之後的現金流量。

$$R_s = \frac{D_1}{P_0} + g$$

$D_1 = D_0(1 + g) = $ 下一期的股利

D_0：前一期的股利

P_0：前一期的股價

g：公司的成長率

R_s：股東要求的必要報酬率

(3) 一般風險溢酬法（Generalized Risk Premium Approach）

$R_s = $ 基本利率 + 風險溢酬

代表債券利率加上2-4%，對風險要求的超額報酬。

4. 新普通股成本

與保留盈餘成本最大的差異，在於新普通股成本因為有了發行成本，故其新普通股成本會大於保留盈餘成本。

公式：$R_e = \dfrac{D_1}{P_0} + g$

$P_0 (1 - F)$：每股新股淨發行價格

F：發行成本%

總之：$R_e > R_s > R_{pf} > R_d (1 - T)$

第五節　盈餘品質的重要性

　　品質優良的盈餘應該是數字上完整可靠而實質上又能穩定成長的盈餘，完整可靠即構成盈餘的收入與費用沒有短報，也沒有虛列，穩定成長則除了企業本身體質外，並涉及企業外在的因素，分析時均應力求了解。

一、盈餘品質重要性

　　盈餘品質愈高，代表風險愈低，通常本益比會較高，可使投資或授信決策作正確的評估。不同盈餘品質的公司，可據以調整，使其具有可比較性。

二、影響盈餘品質之因素

（一）會計處理方法之歧異性

　　雖然會計處理應該符合一般公認的會計原則，但會計原則並非如自然科學中的各種定律必須具有絕對性，對於有些事項仍容許採用不同的處理方法，如存貨計價可採用FIFO、LIFO及加權平均法。在物價上漲期間，按FIFO計得的存貨成本將偏高，銷貨成本則偏低，所計算利得的盈餘自然不如LIFO或加權平均法之穩健，亦即盈餘品質較差；又如固定資產折舊可採用加速折舊法或平均法，加速折舊法所產生的盈餘通常品質亦較加權平均法為優。

（二）資產評價及負債估列有欠穩健

　　資產評價的高低往往會影響盈餘，除上述存貨及固定資產

外，預付費用、開辦費及專利權等無形資產，如估列過高或攤銷過少，亦將使盈餘虛增。至於應付稅捐、員工退休金以及產品或工程保證費等如果少列，亦會少計費用，虛增盈餘。

（三）估計數字不一致

嚴格來說，企業的盈餘只有結束營業後將所有資產變現，並將所有負債清償後才能正確結算，但一般財務報告是以繼續經營中的企業爲對象，當會計年度終了時，商品或材料仍在繼續進出，固定資產仍在繼續使用，債權債務仍在繼續發生，因而只能將有關的費用估計入帳，例如：固定資產需估計其可能使用年限以便攤提折舊，應收帳款及票據需估計其未能收回的呆帳等。雖然估計亦應有其憑藉，然而不同人員的估計結果必無法一致，自會導致所計盈餘品質的參差。

（四）自由裁量性支出經常受經理人的操縱

自由裁量性支出是指可任意伸縮，但在短期內不易察覺其不良影響的支出，例如：研究發展費、資產維護費、廣告費及員工訓練費等。當盈餘欠佳時，經理人常會減少這類支出以提高報表上的盈餘數值，雖然當期不會發生立即影響，但必將削弱企業的根基及損害其未來獲利潛力，這樣產生的盈餘品質自會有問題。

（五）特殊收支或營業外收支比重過大

特殊收支如出售固定資產的盈餘，或虧損及災害損失等，這類收支不會穩定，如數額占總收支的比重頗大，則盈餘亦不會穩定，因而影響其品質。

（六）經濟及政治等外在因素

經濟因素主要是通貨膨脹與景氣循環，通貨膨脹會導致盈餘虛增，甚至虛盈實虧，景氣循環則使盈餘趨勢不穩定，時高時低。政治因素即政府的干預，如限制售價、限制出口或進口、限制解僱員工以及收歸國有等。多國籍的企業，國外投資可能受到限制資金匯出、匯率變動及當地政局動亂等影響，以致盈餘波動不定。

三、盈餘品質會影響財務預測

我國現行實務的財務預測，涵蓋整個財務報表的預測。實務上通常稱之為預計財務報表（Pro-forma financial statements），目前國內的一般會計原則及相關法規對這類的財務預測已有規範。「證券發行人財務報告編製準則」規定，證券發行人除經證券暨期貨管理委員會核准者外，均應就其營運計畫之預期結果編製並揭露財務預測。

財務會計準則第十六號公報則指出，財務預測宜參照歷史性基本財務報表完整格式表達。因此，各公開發行及上市公司通常都會公布財務預測資料。財務預測資料對公司管理階層、債權人、及投資人都極具參考價值，這點是無可否認的事實。然而，實務界對於目前的財務預測揭露規定仍有三點爭議：

1. 財務預測應經會計師依照審計準則第十九號公報「財務預測核閱要點」核閱，但問題在於，財務預測必須依據經濟、產業及公司等財務方面的狀況擬定各種基本假設，這些並不是會計師所熟悉的領域，因此無從判斷財務預測中所用的基本假設是否合理。

2. 證券暨期貨管理委員會要求實際損益與預測數差距達10%以上者，應分析其原因並提報股東大會，但無論差距有多大，會計師和管理階層都不會受到任何處分。因此，若管理階層如未本於誠信原則，揭露財務預測資訊反而易使投資人或授信人受到誤導而損及權益。

3. 窗飾（Window-Dressing）及盈餘管理（Earnings Management），所謂窗飾是指企業經理人員利用不正常（或不當）的方法，虛飾美化企業的財務狀況（窗飾），或甚而使會計盈餘達成經理人員所預期的目標盈餘管理的方式，其操作方式如下。

(1) 涉及企業整體之操作方式

A. 大清洗（Big Bath）：有些公司為了維持競爭力，提高獲利性或因財務困難而必須進行大幅組織再造或改組。進行改組勢必產生重大改組費用（Restructuring Charges），這些費用幫助公司清潔其資產負債表，故稱之為大清洗或大洗澡。通常改組費用會被高估，並提列負債準備，因為雖然短時間損失很大，但分析師往往更關心未來的獲利情形，改組後一旦利空出盡，股價將不跌反漲。而且高估的負債準備也可在未來獲利情形不佳時賣出，以調節未來盈餘使股價上漲。

B. 購併魔術：企業合併時有兩種合併的會計處理，一為購買法，另一為權益結合法，後者因直接以帳面值合併，不影響未來損益（因無購買法下差異分攤的問題，例如：商譽攤銷），後者較受合併者歡迎，但採用權益結合法卻有諸多限制（詳合併報表），因此很多公司為了避免購

買法的不利影響，都儘量調低取得成本而將買價的一部分轉列入「進行中研發費用」（In-process Research and Development）。如此，則可將該支出於合併時直接列入費用，以省卻其對未來盈餘的衝擊，對購併者而言，雖然短期間費用大增將使股價下跌，但分析師更關心合併後所產生的綜效及競爭優勢，因此被併購者的股票，甚或合併雙方未來的股價，均有非常強勁的上漲力量。

(2) 涉及關係企業間交易的操作方式

關係企業在審計公報第六號中的定義為「報告個體及其關係公司，主要股東、管理人員及其近親，在會計上以權益法處理之個體，及與報告個體有往來，而其中一方對他方之管理或經營決策，有重要影響，致使交易之一方難以全力尋求自身之個別利益者。」因為關係人間有互相影響力甚或控制力，因此經常利用下列交易以操縱損益或虛飾報表。

A. 不計息或利率遠低（或高）於市場利率之借貸。

B. 售價與估價有重大差異之不動產交易。

C. 非貨幣性之同類資產交換。

D. 未定清償條件之貸款。

E. 以高於成本或低於成本轉撥商品。

如果以上交易並非公平交易，而且雙方利用相互持股低於50%或基金換單方式來規避合併報表的編製時，則其結果可能使個體一方改善經營結果；而使另一方受損，以達到操縱盈餘的目標。

(3) 公司內部之盈餘操作方式

在公司內部經理人員可操控之方式又可分成：

A. 利用交易或事件的發生以操縱損益：閒置固定資產以認列出售損益或提前贖回公司債而產生贖回利得等方式，以增加業外損益。

B. 利用會計方法的選擇以操作盈餘：在會計方法的選擇上擁有部分彈性，因而被用來達成盈餘目標的工具，例如：後進先出存貨成本流動改成先進先出法，例如：折舊方法，由年數合計法改成直線法等。

C. 利用裁決性應計事項或估計事項之調整以操縱損益：所謂裁決性應計事項，是指可由經理人員自由裁決的事項，例如：遲延認列費用、降低壞帳率、延遲進貨或提早認列銷貨等。最近許多公司，則喜歡高估負債準備或低列資產以便於獲利好的年度將盈餘隱藏，等到獲利能力不佳時，再加以釋出以調控盈餘，稱為「餅乾準備」（Cookie-jar Reserves）或稱為祕密準備。

D. 濫用重大性原則：所謂重大性（Materiality）就是一項會計處理或會計資訊報導的不同結果，足以影響閱讀者之決策。由於重大性的決定，繫於主觀的判斷，故在實務上常被活用。例如：收益誤列為資本支出，而自圓其說地主張，其錯誤對營業結果的底線（Bottom Line）影響不大而不必介意。但如果此項錯誤定理恰好使盈餘轉虧為盈（由黑翻紅）或達成對外所發布的財務預測目標，則顯然具有操縱盈餘的意圖。如何察覺此種濫用重大性原則，專家建議以下列方式觀察之：

甲、蒐集期中資料與年底資料做比較，是否有巨大差異。

乙、注意期末是否有不正常交易事項及調整。

　　丙、評估客戶營運及相關風險，以及這些風險如何對營
　　　　運結果造成影響。

　　丁、查核是否有關係人之交易。

第六章

保險理財的技巧

第一節　選購適合自己的保險

　　每一種保險都有不同的保障，也有不同的優點。所以，購買保險必須依個人的收入、目的為考量。保險的目的在於預防人生所可能造成的風險，人身保險可分成壽險、意外險、醫療險、失能險及年金險等。

一、壽險

　　壽險又稱為死亡險，又稱人壽保險（Life Insurance），是以人之生存或死亡為保險事故，不論疾病或是意外原因，只要是生命結束，指定的受益人都可以獲得理賠的保險。如生病身故、壽終正寢、意外身故，甚至在投保後二年以後的自殺行為，都是壽險保障的範圍。所以人壽保險依保險事故的差異，可分為四大類：(1) 死亡保險（Mortality Insurance）：以死亡為保險事故；(2) 生存保險（Pure Endowment Insurance）：以生存為保險事故；(3) 生死合險（Endowment Life Insurance）：以生死為保險事故；(4) 終身保險（Whole Life Insurance）：以終身為保險事故。

　　人壽保險交易中，存在四種法律意義上的人：保險人、被保

險人、投保人和受益人，保險人通常是一家保險公司，投保人和被保險人經常為同一個人。例如：張三購買了人壽保險，他是投保人和被保險人；但如果張三的妻子李四經張三同意給張三購買了人壽保險，李四是投保人，張三是被保險人。保險人和投保人構成人壽保險合同的當事人，被保險人是保險合同的關係人。另外一個重要的關係人是受益人。受益人是因被保險人的死亡而獲取保險金的人。受益人不是保險合同的當事人，對自己是否受益無法自行決定，而是被投保人選定，投保人若要變更或者指定受益人需要經被保險人同意，而受益人則必須接受這個變化。

壽險是保險契約之主契約，可分成保障型及儲蓄型兩種。保障型的壽險一定要被保險人死亡或全殘的情形下，才能取得保險金；而儲蓄型的壽險則兼具儲蓄的功能，在繳費經過一定期間後，在生命存續的期間內，可獲得一定金額的給付，到期可以領回滿期金或分年領回直到死亡，再由受益人領回所有的保險金。

二、意外險

意外險又稱為「傷害險」，在所有人身相關險種中，意外險的費率最低，保額100萬元的定期意外險主約，年繳保費才一千多元，往往是很多保戶人生中購買的第一張保單。

但是金融消費評議中心評議處保險組組長卓明正表示，消費者到評議中心投訴的統計中，意外險比例是所有險種中的第二高。想要用最低保費買到最多保障，消費者有必要清楚認識意外險理賠時的限制。

（一）購買意外險一定要知道的事

1. 理賠定義嚴、保障範圍少

意外險顧名思義是遭受「意外傷害事故」，而造成殘廢或死亡。保單條款中對於意外傷害事故的定義，是指「非由疾病所引起之外來突發事故」。拆開來看，要「同時符合」三項條件：非疾病、外來、突發，才能獲得保險給付。

一般壽險的身故保險金（或全殘、喪葬保險金），只要不是少數特定狀況，譬如「要保人故意致被保人於死」、「被保人因犯罪處死，或越獄、拒捕而死或全殘」，除此之外，保險公司都會負責給付。相較之下，意外險因為定義最嚴，保障範圍受到很大的限縮。

2. 事故原因認定很嚴格

張三突然跌倒，導致顱內出血而死，乍看是一起「意外事件」，受益人申請意外險理賠卻被保險公司拒絕，因為經過保險公司調查，張三是中風發作而突然跌倒，不符合「非疾病」的定義。

「外來」的定義則是「非由身體內在因素而造成的傷害」。例如：打球突然扭傷、搬重物突然閃到腰，申請意外險醫療給付時，也會遭到拒絕。因為扭傷、閃腰，是由身體內在因素造成，不是因為身體表面與「外界接觸」而造成，如果是與外界有接觸的撞傷（例如：車禍）、挫傷，才能順利申請意外醫療給付。

3. 殘廢等級認定爭議多

發生意外傷害事故致死，保額多少，身故保險金就是多少，比較沒有爭議；但若因事故造成殘廢時，理賠多少就要看「殘廢程度與保險金給付表」，給付比例最高是保額的100%，最少只

有5%。

譬如同樣是中樞神經系統受傷，保險給付就分成四種等級，從40-100%，能拿到多少理賠，要看殘廢程度而定。是終身不能從事任何工作、或是終身只能從事輕便工作？是日常生活需人扶助，還是日常生活尚能自理，都會影響理賠多寡。而且不是拿著醫院開立的殘廢證明書，就能完全取得保險公司的認可，很多爭議因此而產生。

4. 除外責任不理賠

「除外責任」就是保單的不理賠條款，也就是若發生了除外責任所涵蓋的事故，保險公司是不會理賠的。跟壽險相較，意外險的除外責任項目更多，代表不理賠的情況也多。

除外責任包括：要保人、被保險人的故意行為；被保險人犯罪行為；被保險人酒駕；戰爭（不論宣戰與否）、內亂及其他類似的武裝變亂；因原子或核子能裝置所引起的爆炸、灼熱、輻射或汙染。當被保險人因上述原因造成死亡、殘廢或傷害時，保險公司不負給付保險金的責任。

5. 酒駕意外傷亡不理賠

意外險除外責任中有一項：「保險人飲酒後駕（騎）車，其吐氣或血液所含酒精成分超過道路交通法令規定標準者。」目前法規標準是吐氣所含酒精成分超過每公升0.25毫克，或血液中酒精濃度超過0.05%。

因此當飲酒超標，且駕（騎）車肇事者是被保險人，即使有投保意外險，也無法獲得理賠。但是事故中被波及到的乘客或路人，若有投保意外險，申請理賠並不會受到影響。

6. 自殺致死不理賠

在壽險的除外責任中有一項：「被保人故意自殺或自殘」，是無法獲得理賠，「但自契約訂立或復效起二年後，故意自殺致死者，仍負給付身故保險金的責任」。然而，意外險的被保人，即使是契約成立二年後自殺，保險公司仍然可以拒絕給付身故保險金。因為在保險公司的認定中，意外事故應是「不可抗拒」因素造成，而自殺被認為是可抗拒的狀況。

7. 不保事項不理賠

「除外責任」可以看成是不理賠的「原因」；「不保事項」則是不理賠的「期間」。也就是在某些特定期間所從事的活動，造成死亡、殘廢或傷害時，保險公司不負給付保險金的責任，包括：被保險人從事角力、摔角、柔道、空手道、跆拳道、馬術、拳擊、特技等競賽或表演；被保險人從事汽車、機車及自行車等競賽或表演。譬如張三參加馬術競賽時，摔下造成死殘，意外險不理賠；但若是平日練習騎馬出狀況，意外險就會理賠[2]。在意外險中，依不同的殘廢等級，死亡是全數保險理賠，不同的等級，給予不同比例的保險級數。

第一級殘廢可獲得100%的理賠，第一級殘廢包括：雙目失明；兩手腕關節缺失者；一手腕關節及一足踝關節缺失者；一目失明一手腕關節缺失或一目失明及一足踝關節缺失者；永久喪失言語或咀嚼機能者；四肢機能永久完全喪失者；中樞神經系統機能或胸腹部臟器機能極度障害，終身不能從事任何工作，為維持生命必要之日常生活，全需他人扶助者。

2　資料來源：Money錢雜誌，第108期，2012年11月。

第二級殘廢可領得總保險金的75%，包括：兩上肢、或兩下肢、或一上肢及一下肢，各有三大關節之兩關節以上機能永久完全喪失者，十手指缺失者。

　　第三級殘廢可領得50%的保險理賠金。

　　第四級殘廢可領得35%的保險理賠金。

　　第五級殘廢可領得15%的保險理賠金。

　　第六級殘廢可領得5%的保險理賠金。

　　除了意外殘廢給付，意外的醫療給付也是醫療險的一部分，只要因意外的事故而產生的醫療費用，在一定的保險金額內，都可以獲得理賠。

三、醫療險

　　醫療保險或健康保險（Medical Insurance），簡稱醫保、健保，是常見的保險之一，主要為投保人應付無法預測的醫療服務需求及財務風險。保額高低根據本身的就醫習慣來衡量，醫療險到底要買多少才夠呢？不少人在投保時，即使有買醫療險，也大多抱持著應該不會那麼倒楣的心態，買個最基本的保額安心，等到需要用時才發現額度太少；另外也有人過分擔心自己生病時錢不夠支付費用，醫療險又買的太高，所以必須根據本身的就醫習慣來衡量，保單的設計才會符合實際的需要。醫療費大概沒有一定的標準，每個人健康狀況不同，就醫習慣有所差異，選擇醫院也不一樣，花的醫療費自然就不同。不過，就像你逛街習慣逛某百貨公司，吃飯習慣上哪些館子，買皮包一定買某名牌一樣，每個人看病也都會有固定的習慣，根據自己看病習慣和對醫療品質的要求，就可以估算要買的醫療險額度是多少。醫療險的保費比

較貴，假如是擔心發生意外會導致一筆龐大的醫療支出，可以附加比較便宜的意外醫療保險。

一般而言，醫療險涵蓋的範圍包括：重大疾病險、住院醫療險、癌症險三種。重大疾病險保障被保險人在發生合約涵蓋的七種重大疾病或生命末期、全殘、死亡等，可獲得一次給付的醫療保障；住院醫療險是貼補在健保所涵蓋的範圍外，住院治療時所可能產生的各種費用；癌症險是指在抗癌過程中，長期治療癌症療程的醫療費用。

重大疾病險是一種一次給付的定額保險金，是否已包括了癌症險的部分？還是需要另外單獨購買癌症險呢？這對現代人而言，是有必要知道的。癌症險是以幾個單位數為標準，它主要是強調罹癌後長期療程的醫療費，從門診、住院、出院療養、放射性治療、癌症手術、化學治療，甚至不幸身故，均可得到完整且長期的保障。住院醫療的保障，只要符合住院標準或六個小時以上的門診手術，都可領取一定金額的保險金。其給付方式可分為實支實付及日額給付。實支實付包括支付被保險人的住院病房費、手術費及雜費等；日額給付型則是以每天的固定金額（有1,000元或2,000元等不同金額）再乘以天數，以取得固定金額的賠償金。

四、失能險

失能險為被保險人因意外傷害或疾病發生喪失工作能力時，由保險公司按契約，給付保險金。失能保險可以彌補失去工作能力所造成的損失，保險公司所給付的保險理賠金是依照被保險人的實際收入而定。一旦發生意外或生病無法繼續工作時所造成收

入的遽減，因為身體的受害而造成經濟困窘情況而不能工作，或因此被解僱而沒有收入，為了防範這些情況，因此，失能險應運而生。失能險可分為意外失能及疾病失能兩種，如果是全部失能最長理賠可達二十年或一輩子；部分失能險最高理賠兩年，在被保險人暫時或永久喪失工作能力超過免責期之後（十五天至一年都有可能），都可獲得一定金額的薪資補償。

五、年金險

人壽保險是死亡險，是指被保險人一旦喪失生命或遭逢意外後，家人不會有沉重的財務負擔；年金險是生存險，是指人的壽命增加，活得太長，屆時無錢可用，面臨無米可炊的窘境，所以在生命存續階段，逐年領取，在生存時即開始享受保障。政府提出的「國民年金」保險政策，其目的也在此，國民年金可視為是社會福利安全制度的起步。年金險為壽險的變種，而且最大的不同在於壽險的目的在於資金的累積，年金險則在於資金的結清。故年金購買則是一次繳清購進額（Purchase Payment）之後，則保險人承諾於購買者存活時定期支付一定之金額給被保險人，但被保險人死亡之時，保險人立即停止一定金額的支付。

年金險有遞延年金和即期年金兩種。前者是指被保險人在還沒有退休前，以定期繳款的方式把保險費付給保險公司，約定一定時間後分期給付一定金額給被保險人，直到被保險人死亡為止。後者是指被保險人在退休時即支付一筆基金給保險公司，隔年保險公司即會在固定期間，支付約定金額給被保險人，在現在的社會，靠子女奉養，還不如購買年金來保障晚年的生活所需。再者，即期年金就是幫助那些領了退休金卻又不善理財的人，可

以透過即期年金的方式，生活也較無後顧之憂。

六、人壽保險與年金保險的比較

人壽保險是經過一連串保費支付後，保險人於保險事故發生給付保險金給受益人；年金保險係以生存保險事故，其計算的基礎為生存率，不需要有可保性證明，對於要保人沒有終止權。茲分述如表19。

表19　人壽保險與年金保險比較

項目	人壽保險	年金保險
1. 目的	資金累積	資金結清
2. 計算基礎	死亡率	生存率
3. 動機	保障遺族	保障年老
4. 支付對價	保險費	購進額
5. 保險事故	死亡、生死	生存
6. 可保性證明	需要	不需要
7. 要保人終止權	有	無

七、傳統壽險與投資型保單

兩者最大的差異在於投資型保單不管是變額、萬能、變額萬能，其保障均是變動的。由於利率持續走低，保單變得愈來愈貴，保險公司紛紛推出投資型保單以因應市場需求。

投資型保單就是結合保險與投資的商品，只要有投資之名就沒有所謂「最低保本獲利」。傳統保單的保障是固定不變的，但投資型保單保障是變動的，如某家國外壽險公司推出萬能壽險，

就是單純投資沒有與保障結合，又變額壽險只保障身故，所以，如需有全殘保險就要另購相關保單保障。但它最大優點在於可以自行決定投資標的，自行決定繳款金額多寡，但如果中途解約，仍要收取解約或轉換的費用。

第二節　保險公司是否會倒

保險公司如果真倒了，要向誰理賠，保險公司取得保險人的保險費中，大部分都放在提撥保險責任準備金上，小部分則運用在行政與業務費用中，但如果保險公司一旦撐不下去了，至少保險責任準備金還可以運用，財政部雖然有嚴格規定，要求保險公司的業務規模愈大，資本額也要同時增加，但是責任準備金不得動用。如此，萬一保險公司虧損，則財政部必會要求其他保險公司進行概括承受，或有再保險公司作為後盾，因此，如果保險公司一旦有了問題，被保險人的權益也絕對會受到保障。

保險契約由於期限多達二十年之久，投資人或被保險人如採年繳則每年固定時間都要繳交一定金額的保險費給保險公司，必須等到被保險人繳費期滿或身故後，才有請領大筆保險金的機會。所以，投資人或被保險人對於保險公司的存續會有合理的懷疑。因為，保險公司倒閉會損及被保險人的權益，就因為如此，財政部（保險司）對於各保險公司的監管十分嚴格，不論是事前、事中的強力監督，再加上再保公司的重重保障下，即使真發生了倒閉事件，在保險公司每筆保險費都得提撥一定責任準備金的前提下，也足以支應每年的理賠支出，除非是保險公司精算錯誤，不然要收回已繳交的保險費用，應該是不難的。

第三節　保單如何辦理質借

如果你投保的是終身壽險或養老保險，連續繳費兩年以上，並累積相當金額的責任準備金，就可以持有保單向投保的保險公司辦理「保單質押貸款」。而可貸的金額不是投保金額，也不是已繳保費的總額，是解約金的八至九成，而解約金可以在保單的「解約金表」中找到。

至於保險人需要用錢時，什麼時候可以拿到貸款呢？親自辦理，最快十至三十分鐘，只要攜帶保單及身分證至保險公司的服務中心填寫保單借款合約書，並簽章交給你的保險業務員，大概三日左右，保險公司就會將錢匯入你指定的銀行帳戶內。

但是保單貸款是要支付利息的，一般是以當時臺灣銀行、第一銀行、合作金庫、中央信託局四行庫的二年期定期存款最高利率平均後再加1%，所以，如果以前的保單利率較高，約為6%左右，目前低利率約為3%左右，可以質借利率向保險公司以保單質借八成資金利率約為7%左右來看，仍是划算的。但在質借後，貸款期間保費還是要繼續繳付，才能維持保單的效力，否則若貸款本息超過保單表列的責任準備金，保險效力就會終止。

第四節　注意壽險理賠的時效

由於國內保險申訴案件有增無減，金管會呼籲，消費者購買保險商品及申請理賠時，應注意下列五大原則，以避免爭議發生。申請保險理賠須留意五大事項如下：

1. 投保前應請業務員出示合格的保險業務員登錄證，並應確

認保險需求，充分了解保險商品的種類及功能後，依自身的經濟能力，購買適合的保險商品。

2. 投保時，應詳加閱讀並親自填寫要保文件、詳實填寫各項告知事項及簽名。

3. 收到保單即檢視保單條款，若發現不符需求，可於收到保單的翌日起算十日內，以書面向保險公司提出行使「契約撤銷權」，業者將無息返還所繳保費。

4. 如發生保險事故，應備齊保單條款約定之文件；如屬責任保險，要保人應通知保險公司參與和解，其中，車禍事故之協商，應注意和解金額是否包含強制汽車責任保險給付，並載明於和解書，以避免爭議。

5. 保險理賠之請求權時效為二年，不因提出申訴或協調而停止，消費者應注意時效，以免影響個人權益。

　　某一天午後，理賠櫃檯邊坐著幾位頗為搶眼的人，一位乾癟瘦弱的古稀老人，手中抱著一個尚未滿週歲的幼兒，旁邊是一位打扮入時的少婦，以及看似精明的中年男子。

　　他們像在爭論什麼。櫃檯的理賠經辦，正好整以暇地作壁上觀，似在等他們有個結論出來，好讓她處理。我剛好從旁邊經過，一段聳動的對白令我有如遭到電擊。老人家說：「妳不告而別，離家出走，丟下這個幼子。和我兒子的這段是非，因為兒子都已死了，我也不想再談。請妳好歹念在孩子是妳生的，他無罪，妳就帶回去養吧！我兒子也沒要妳白養，已留下保險理賠金給妳。今天，妳就領了它，順便把孩子帶回去，好嗎？」

　　少婦冷冷地拋出一句：「錢我要，孩子別指望我養，我還想

嫁人，帶個孩子，將來怎麼嫁人？何況又不是我拿槍指著你兒子，要他指定我是受益人的！」

看到老人的淚水潸潸地從他的眼眶流出來，我心有不忍地趕忙回到辦公室，拿起話筒，要經辦馬上把案件調來給我。我翻閱卷宗：被保險人死於肝癌，受益人是他太太。孩子生下不久，太太就和人私奔，也就是坐在少婦旁的那位中年律師。

當經辦告訴我，這件保單幾乎可確認係投保滿兩年的契約。換句話說，除非受益人有除外責任，否則櫃檯應即時給付保險金。

我仔細端詳卷附的資料，突然眼睛一亮。「死亡證明書」上記載被保險人身故的時間，離保單生效日尚差三個小時。我馬上指示經辦向受益人表示：「保單尚差三個小時才滿兩年，依保險法第六十四條的規定，我們尚須做身故調查，今天不能給付。」經辦面有難色，但只有照我的話回覆。一會兒只看到那中年人氣呼呼地拉著少婦走了。

半個月後，調查員回報被保險人的既往病例，我立刻依法發出解除契約函，沒收已繳保險費。未幾，即收到受益人提出請求給付的訴狀。出庭那一刻，法官怒氣沖天指著我大罵：「你們保險公司真不要臉，只差三小時也敢主張告知不實，你們理賠人員還有人性沒有？」

我當時慢條斯理地回答：「庭上，我有下情，但是否先請原告退出？」當法官將原告等人請出庭後，我將本件原委娓娓道出，法官的臉色舒緩下來，卻又問了一句：「如果我判你勝訴，那貴公司豈不白賺了這筆錢？」

我回答：「如果敝公司獲勝訴判決確定，這筆錢已經是自然

債務，我會將它轉給這位老人家，好讓他照顧他的孫兒。」法官讓我回去，然後請原告等進來，大概在驗證我的陳述。兩個月後，本公司勝訴，對方也再度上訴，但出庭的經過比上一次更簡單，也再一次勝訴。本案金額不高，只要二審即告確定。我隨即請這位老先生過來，同時向他說：「知道你白髮人送黑髮人，我衷心爲你難過。但是你還有上天給你的任務，就是把你的孫子拉拔長大。我也只能幫到這個地步，相信老天會保佑你的。今天你把錢領走，找個可信賴的親人，幫忙你養育孫子吧！」所以，壽險理賠要特別注意時效及隨時變更受益人。

➢　保險金信託──保險金安全嗎？

1. 保險金信託簡介

＊信託架構：自益信託

＊保單受益人＝信託委託人＝信託受益人

＊信託財產

＊委託人（保單受益人）可得受領且交付受託人之保險金（保單要批註）

＊信託存續期間委託人自行約定

2. 子女教養信託

＊財產直接移轉給晚輩，好嗎？

＊需繳贈與稅嗎？

＊財產會遭後代任意揮霍嗎？

＊財產會遭人覬覦嗎？

＊該如何規劃讓子女贏在起跑點？

＊信託架構：他益信託爲主

　長輩（比如媽媽）＝信託委託人

晚輩（比如子女）＝信託受益人

＊信託財產

　　委託人交付信託的現金

　　每人每年贈與稅免稅額220萬元

　　超過220萬需申報繳交贈與稅

　　可以分年在免稅額度內增加信託財產

＊信託存續期間

　　委託人自行約定

　　退休安養信託

＊為自己做退休規劃？

　　擔心不肖親友覬覦您的財產？

　　該如何確保自己的養老金，保障老年生活所需

　　退休安養信託

第七章　債券投資的技巧

第一節　債券基金特色

　　投資人可隨時上網訂閱各類投資訊息，目前訂閱免費，其中內容為資訊科技產業報、銀行理財通、保險週報、理財學習報。

　　大量蒐集國內各銀行最新金融商品資訊，以專題匯總方式，提供存款、借款、外匯、信用卡等理財小竅門，週週均會列出借款利率最低、存款利率最高、信用卡發行條件最優的銀行排行榜，讓投資人能得到第一手金融商品的資料分析，進而輕鬆的成為銀行理財通呢！

　　保險週報內容強調「保險綜合」與「醫療保健」，適合一般大眾，其目的不在促銷某張保單，而是以生活化的題目作產業趨勢報告，以提醒消費者如何去購買適合自己的保單，且為自己的保單做體檢。

一、債券基金已成為國人保值的投資工具

　　債券基金因為具有投資金額較低，又有專業經理人管理操作及節稅等好處，相較於投資人直接從事債券投資，其進入門檻低，加上實質收益率也高於銀行定存。所以，是屬於保守型投資的主要投資工具。

除此之外，保守型投資人更可加入定存、公司債、附買回公司債等，積極投資則以市價波動比較劇烈的公債及可轉換公司債作為投資的組合。

二、債券基金的特質

1. 重保值。
2. 低風險、流動性高。
3. 資金調度低。
4. 免申購手續費。
5. 稅賦優惠。

第二節　可轉債基金攻守兼具

國際經濟景氣走勢混沌不明，投資人想投資股市又怕受重傷，投資債券又覺得報酬率可能太低，所以投資人希望投資能接近保本或至少不要虧本太多，且又有機會享有巨幅獲利投資組合。基於上述理由，投資人或許可以考慮投資可轉換證券的債券基金。

一、可轉債的特性

可轉換證券債券（簡稱可轉債）的特色是進可攻、退可守，在發行公司股價表現好的時候，持有人可以將證券依一定價格轉換成普通股，享受股價上揚的獲利；另一方面，股價表現差時，持有人可以放棄轉換成普通股的權利，像持有利率較低的債券一樣，只領取固定配息。可轉債和股價的連動性高，但波動性有可

能較股票小，當然也可能高於股票。

　　舉例來解釋可轉債的大致概念：假設某檔可轉債的發行價格定為50元，年利率定為2%以下（可轉債利率通常遠低於銀行定存利率），在持有滿一年或契約規定的若干時間後，如果股票市價下跌，不管跌幅多大（即使跌到25元或更低），仍可望保住本金（50元），領取原定的利息收益（如2%以下），但體質和債信極好的發行公司通常只提供極低的利息收益給投資人。或者，如果股票市價（例如：60元）明顯超過原可轉債的發行價格，投資人也可以放棄這部分2%的利息收益，故投資於可轉換證券，一方面可收取配息；另一方面可轉換成普通股的權利，是最佳「進可攻、退可守」的理財工具。想要賺錢，愈來愈難，針對低利率、低股價的環境，投資人不妨配置一些資金，放在可轉換證券、可轉換公司債相關基金，可做債券、也可參與股市，比較有機會賺取穩定收益，以及股市反彈的利潤。當股市重挫，不少投資人將資金轉到貨幣基金、債券基金上，不過，當美國科技股大幅反彈，不少股票型基金淨值明顯上漲。面對這種環境，如何做好資金配置？美國的可轉換證券市場，過去一年，表現不錯，這種金融商品，進可攻、退可守，股市好，可以換成股票，行情不佳時，就賺賺債券的收益。

　　目前，國內銷售的海外基金當中，富蘭克林可轉換證券基金是投資美國市場，另外也有其他海外基金，投資亞洲可轉換證券，如友邦的基金。除了海外基金之外，大華銀投信也發行一檔投資債券、可轉換公司債的債券基金，股市行情好時，一樣能夠透過可轉債、參與股市，賺取收益。面對不同型態的債券基金，投資人最好先評估自己能夠承受的風險，先考量匯率變動因

素，部分資金投入外幣資產，持有海外債券基金，部分資金選購國內特殊類型的債券基金。債券基金的收益，平均一年大多在5-6%，比定存還好且值得。

二、利用最低風險掌握未來獲利契約

股市震盪餘波盪漾，嚇退了不少保守投資人，但如果等到不確定因素通通消散，市場投資氣氛轉好，通常股市也已漲一波了，所以現階段如何用最低的風險來逐步掌握股市下一波的多頭行情？策略就是將海外債券基金的配息收益定期定額投資海外股票基金，因為這種方式有以下的優點：

（一）配息再投資，提高資金利用率

讓利息變成本金幫你錢賺錢，不需要再額外拿出本金，就可以從債市跨足股市，參與未來股市上揚的契機。

（二）具備穩定資產的特質

利用海外債券基金配息收入來定期定額投資股票基金，配息部分可隨著股市轉佳而提高收益；倘若未來股市表現不如預期，也不至於侵蝕到海外債券基金的本金部分，大幅提高資產的安全性。

（三）符合市場趨勢，進可攻、退可守

儘管股市短期內仍以盤整的格局居多，但美國連續降息、帶動全球利率走低的效應在下半年將陸續發酵，因此市場普遍預期未來一年全球經濟景氣可望逐漸轉佳，現在定期定額分批逢低承接的海外股票基金由於單位成本低，將來獲利潛力也大。

（四）手續簡便，可享折扣優惠

　　只要到銀行辦妥手續，每個月的配息收入就會自動定期定額投資到指定的股票型基金，完全不必另外費心打理。若指定同一海外基金公司旗下的基金，更可享有手續費折扣優惠，長期下來可省下不少投資成本，獲利更高。

　　根據歷史數據，若投資100萬元在年配息約5.5%的美國政府債券基金，去年五年利息約爲275,000元，如果再將配息定期定額投資美國股票型基金，利息變本金錢滾錢後，總收益可達367,911元，等於多賺92,911元！目前全球型股票基金、美國股票基金及高科技基金都有不錯的投資前景。

第三節　美元債券基金與美元存款比較

　　美元債券基金以及美元存款，都是強勢美元資產，在市場預期新臺幣貶值心態下，已成爲投資人規避資產縮小的投資工具。美元存款的利息所得仍要課稅，而且美國對於現在美元存款利率全面降低，使得美元存款的投資利基降低。所以，在全球利率大幅下降之際，應該轉向更具有投資優勢的海外債券基金。美元債券基金如美國政府基金主要投資在美國各類不動產抵押債券與財政部所發行的政府公債上，由於有美國政府全權保障，無違約風險，所投資的債券皆爲債信最佳的A等級債券，風險性低，適合保守型投資人持有。

一、美元債券基金特色

此基金為保守型，適合一筆錢投資。每月配息穩定——每月配息、資金流動性佳，過去平均年配息率介於5-6%之間。降低投資組合波動風險，債券基金有「配息收益穩定」與「反股市走勢」的特性，可以降低投資組合的波動性，是投資組合當中不可或缺的一員。在升息尾聲階段投資，可同時享有「避險」、「債券資本利得」雙重好處。由於經濟數據顯示美國通膨溫和，FED升息趨近尾聲，在利率持穩的環境下，有利債券價格走勢。

歐日保守資金持續流向美國債市，歐元弱勢，使得歐洲地區投資人為避免匯率損失，轉向美元計價資產。此外，日本利率仍低且股市低迷，使得日本投資人轉向報酬收益穩定的美國債市，日本仍是美國債券最大外資持有人，而一般家庭外幣存款金額激增，可能持續流向美國債市。

美國買回流通在外的公債，供給減少，美國政府已達成財政盈餘，公債供給量未來預料趨緩；在供給減少，但需求增加的情況下，美國政府債券價格上揚可期。保守型投資人最佳選擇的投資標的為風險性低的各類不動產抵押債券與財政部所發行的政府公債，由於有美國政府全權擔保，債信最高，是風險承擔程度低的保守型投資人的最佳選擇。

二、未來投資前景

由於美國通貨膨脹控制良好，有助提升債券的實質收益，而美股仍屆臨高檔，波動風險增加，亦可能突顯債券的避險地位，加上美國政府已達成財政盈餘，公債供給量未來預料減少，在供給減少，但需求仍充沛的情況下，有助於推升美國政府債券的價

格。根據過去的經驗，FED的升息動作結束後，將有利於債市的反彈回升。

第四節　債券衍生性的商品

一、另類賺錢術——權利證書申請換發普通股之套利操作

如能在可轉換公司債及普通股之間採套利操作，不但報酬率佳，且可規避套牢風險，由於可轉債在次級市場不夠活絡，會發生其轉換價值高於可轉債市價的情況，此時就具有套利的空間。又可轉債若發行滿三個月，投資人就可申請轉換股票，發行公司受理後，於五個營業日內交付「權利證書」，而此權利證書於申請換發「普通股增資基準日」後約二個月內，就可換得等額普通股，投資人拿到現股，償還融券部位，套利就完成了。

例如：2016年2月7日力信的收盤價為40.4元，而力信一債的轉換價格為22.8元，所以，力信一債的轉換價值177.2元，但當日力信一債的收盤價為158元，則可以進行套利，空間約有12.15%。

結果是：[(177.2÷158)×100%－1]=12.15%

投資人可持有可轉債之權利證書轉換成普通股，於目前收盤價158申請換發，可於2017年2月底就換得普通股，且在股東會前順利回補。

表20 美國可轉換證券基金與一般債券基金績效參考表

基金名稱	報酬率（%）			
	2012年以來	過去一年	過去三年	過去五年
富蘭克林可轉換證券基金	13.39	7.90	36.50	49.80
富蘭克林坦伯頓美國政府基金	2.1	19.35	16.89	65.14
富達美元債券基金	1.81	18.65	16.1	60.58
安本國際美元債券基金A股	1.8	18.11	12.61	56.6
MFS多種貨幣基金B股	1.44	15.57	11.92	48.55
荷銀美國債券基金	1.43	19.21	17.7	64.74
富蘭克林浮動利率政府債券基金	1.29	14.69	15.71	59.81
友邦美國債券基金	0.68	20.56	16.38	58.65
水星MST美元環球債券基金	0.49	16.54	17.92	70.04
MFS美國政府公債基金B股	0.45	16.95	11.83	52.21
大聯美國收益基金A股	0.27	14.81	5.2	67.18

資料來源：S&P's Micropal富蘭克林投顧2012年5月18日。

二、套利操作時必須注意的事項

1. 避免股東會除息、除權等需融券回補時期的權利證書。

2. 平盤以下不得融券的規定。

3. 可轉債及權利證書交投冷清時，無法順利成交。

4. 可轉債申請轉換時，換得的普通股有零股情形。

5. 需要更多的兩套龐大資金，故有較大的套利空間時，才進行操作套利，以節省資金利息成本。

可轉債轉換價值，保障投資人權益，可轉債還享有依「重設條款」（reset term）將轉換價格向下調整的優惠，因此，投資可轉債不但本金及利息受到公司保障，好處還多多呢！所謂「重設條款」就是轉換價格高於普通股市價時，能讓轉換價格依普通股市價向下調降「重新設定」的條款，以保障投資人的權益。依證期會1998年5月18日規定：「可轉債轉換價格重設時，不得低於發行時轉換價格之80%」，即轉換價格重設只能向下調降20%，亦即投資碰到股市下挫時，可享有比普通股每千股多分配無償配股250股之優惠。由於股市低迷不振，讓投資人很失望，但是其轉換價格具有重設的機會。當轉換價格可重設時，可以調低的可轉債重設後，價格能接近普通股市價者，投資可轉債也有節稅的效果，因可轉債上漲或轉換成股票後出售，其資本利得免稅；且依反稀釋條款及重設條款調低其轉換價格，可使轉債轉換的股票數增加，卻不必課股票股利所得稅。又買賣可轉債的手續費各收交易手續費1%及交易稅，目前均為0‰，若執行賣回數或是到期公司償還，僅對於債息部份以10%分離課稅，不再併入當年度個人所得稅中。比買賣股票為低，可省下不少費用。也就是說在重設基準日時，若當時甲公司股價低於甲一的轉換價時，可以公式向下調整轉換價。

第八章 **節稅的技巧**

　　節稅不同於逃稅，節稅是合法減免稅賦的行為，逃稅是違法的行為。個人在處理日常財務的時候，必須了解稅賦的一般規定，切勿借人頭分散所得或存款，如此可能帶來更多的問題，反而得不償失，節稅必須合法才有保障。

第一節　節稅的原則

　　納稅人為了不使財富縮水，必須了解節稅的法則，茲就日常生活中所面對的稅賦，作合理的節稅策略。綜合所得稅、遺產稅、贈與稅、土地增值稅、地價稅及房屋稅等六種稅賦與理財有密切的關係。茲將節稅原則分述如下：

一、審慎選擇申報方式

　　稅法上允許納稅人自行決定申報方式，如在結婚、離婚年度中可選擇採用個別申報或夫妻合併申報；夫妻的薪資也可以自行決定分開或合併計稅；子女年滿二十歲或在畢業年度也可選擇單獨申報或與父母合併申報，宜審慎選擇最有利的申報方式。因此，打算在年底結婚的準新人，不妨將婚期延至明年初，即可多享受一年適用分開申報的權利，進而節省若干稅金。

第參篇／第八章　節稅的技巧

209

二、節省要事先作好規劃

如果你有大批財產想留給子女，要事先規劃，才能規避鉅額的遺產稅及贈與稅，可利用每人每年100萬元贈與免稅的規定，將財產分年移轉給子女。如此則須提早就作規劃，免得到了晚年才要轉移遺產而被課遺產稅，稅法規定的贈與稅申報期限爲贈與行爲發生後三十日內，因此，可在年底前贈與子女100萬元，明年初再贈與子女100萬元，可以在明年初規定的申報期限內一起向國稅局申報一次贈與稅免稅證明者。再者，土地增值稅一生一次的自用住宅優惠稅率的享用，由於是「一生一次」，而非「一生一處」，所以，土地所有人可以一次同時出售多處自用住宅（但都市土地面積不得超到三公畝，非都市土地不得超過七公畝），所以，如要運用自用住宅優惠稅率必須將土地移轉日期作在同一天，亦即指買賣房地產公契上的出售日期必須相同，且在同一天申報移轉現值，才能發揮最大的節稅功能。

三、保留收據或證明文件

平時就應該保存醫療、捐贈、人身保險或房屋填修、地價稅、房屋稅等單據，一則可增加扣除額，二則可以很清楚的了解一年內整體財務的結構。在扶養人口方面，多增加扶養額可增加免稅額，保存收據則可多增加列舉扣除額，並可降低累進稅率，而使自己的稅賦降低。

四、向稅捐機關申請儲蓄投資免扣證

在運用資金的過程中，很多人都沒有專款專用的習慣，有些人因爲怕每年五月底申報，要補繳綜合所得稅造成經濟壓力過

大，則要求所服務的單位在每個月的薪資中多代扣一些綜所稅。有些人因為擔心採用年繳保險費會加重負擔，而選擇以月繳的方式繳保險費，或是有些以利息為生的存款人，當利息超過2萬元時，銀行會預扣一成的利息所得稅額，不知運用儲蓄投資免扣證的方式達到節稅及延緩課稅的效果，實在可惜。

五、調整所得發生年度

調整所得發生年度將較具節稅效益，包括少報稅或延後報稅等方法。綜所稅是以收付實現為報稅原則，故避免同一年度所得過高而進行的調整。

（一）調整稿費、版權取得時間

依稅法規定，個人稿費、版稅、樂譜、作曲、編劇、漫畫及演講鐘點費收入，全年合計約18萬元內免稅。如果今年繳稅已超過18萬元免稅額度，則不妨與給付單位情商，延至明年初再課稅。

（二）調整出售房屋的過戶時點

如今年有出售房屋而尚未辦妥所有權移轉的投資人，則可視今、明兩年度所得稅額的多寡來調整房屋所有權的移轉年度。

如果出售的房屋發生虧損且保有契約、付款資料等原始交易憑證可以證明，而今年又有其他財產交易所得需要抵扣時，則可與買方協商將所有權調整至明年的稅額。

第二節　綜所稅的節稅技巧

綜合所得稅是指國家對個人在一定期間內（一年）之綜合所得淨額依累進稅率課徵之稅，由於稅率分為5%、12%、20%、30%、40%，故所得高者，其稅賦相對也愈高，是符合量能課稅的租稅。

綜合所得稅是採「屬地主義」，在中華民國境內的來源所得才必須課稅，非中華民國境內來源所得則不予課稅。基於現行的稅制，故可以考慮將部分儲蓄存在國外的銀行，如境外金融或投資國外的共同基金、股市及房地產，這些所產生之投資收益不必併入綜合所得稅課稅，但仍要考量當地的投資環境，有些國家是不允許所賺得的收益轉匯至其他國家，但最低稅賦制600萬元是免稅，超過此才課稅。

所以，須將投資國的法令了解透澈，才不致得不償失。現在兩岸關係非常密切，有些人的所得是來自於大陸地區，由於稅法的規定，必須合併於臺灣地區的來源所得申報，課徵綜合所得稅，但已在大陸繳的所得稅，可以在申報時繳付納稅證明，自應納稅額中扣抵，但扣抵的數額不得超過因加計大陸地區所得增加的應納稅額。

善用免稅所得，根據所得稅法第四條規定，有多項的所得是免納所得稅的，因為它不必併入綜合所得總額中，它與免稅額不同，免稅額是指稅法中規定之納稅義務人、配偶及受扶養親屬，每年報稅時每人都可以扣除一定款項的金額稱之。免稅額是隨著消費者物價指數上漲而作調整，由財政部公告。

善用免稅所得，可降低所得淨額，如個人因執行職務而死

亡，其遺族依法令或規定領取之撫卹金或死亡補償，公營機構服務人員所領單一薪俸中，包括相當於實物配給及房租津貼部分。另外，只要不是以現金方式付給員工的房租或交通津貼、伙食津貼，也都不計入員工的課稅所得之內，員工可向受薪公司好好商討規劃一番。再者，如依法經營不對外營業消費合作社的盈餘、個人稿費、版稅、樂譜、作曲、編劇及演講之鐘點費收入，全年合計數以不超過18萬元爲限，政府機關委託之學術團體辦理之各種考試及各級公私立學校辦理入學考試，發給辦理試務工作人員之工作費等，也都不計入課稅所得之內。

一、二維條碼申報

　　如果改用二維條碼方式申報，電腦會主動選取最有利方式申報，二維條碼是一種可以讓電腦判讀的條碼，可以辨識申報書的序號及唯一性。二維條碼報稅手續非常方便，首先到各區國稅局與稽徵處索取新版的名片型二維條碼，再到網站上下載軟體，或直接索取免費光碟後，將二維條碼報稅軟體安裝在你的電腦上，然後依序輸入相關報稅資料如申報人、扶養親屬、收入、支出等之後，報稅軟體就會自動試算出最少的繳稅金額。等到試算完後，填入繳款書，將申報書用印表機列印出來，附上必要的相關證明文件後，再以掛號郵寄出或親自送交各地國稅局，最方便的方法當然是直接用電子掛號送出，也不必列印，如此就算完成報稅的手續了。不過要特別注意，採列舉扣除方式報稅的民眾，仍需附法令規定的其他證明文件。個人綜所稅的申報案中，夫妻報稅方式有三種，即將全部所得合併申報，以夫爲納稅義務人，妻爲配偶，並將妻的薪資分開計稅，合併申報；或以妻爲納稅義務

人，夫為配偶。這類以人工申報的方式，其實可以改用二維條碼方式申報，電腦會自動計算採取最有利的方式報稅。

　　夫妻中，夫是政商名流或高所得的企業家，為了怕報稅時因疏忽發生錯誤，形成漏稅會產生後遺症，因此，在報稅時，將特意選擇以妻為納稅義務人。將來若漏稅，國稅局是以妻為補稅對象，較不會形成風波。同樣的情形，也有夫妻中，妻是高知名度的人物或企業家，在報稅時，特地選夫為納稅義務人，對這類情形，國稅局實無權去改變夫妻報稅中的選擇。

　　夫妻申報案中，若發生漏稅，是以「納稅義務人」，為補稅對象，若漏稅的金額超過50萬元，且未補繳，則會有限制出境的問題，若稅捐機關主動更正納稅人的申報方式，將可能引起法律糾紛。

二、網路報稅不必出門

　　是指用戶直接由個人電腦透過網際網路，利用個人存款帳號進行繳稅的作業。只要在銀行申請可以在網路繳稅的帳戶及密碼，在電腦上裝上電子錢包，並且申請GCA網路憑證，就可以直接在網路上繳稅。

三、郵局電子掛號e付卡，輕鬆報稅

　　中華郵政與國稅局合作，推出「電子掛號報稅」服務，只要有郵政存簿儲金及劃撥儲金，就可利用這項服務。同時中華郵政在全省郵局發行「電子報稅e付卡」，電子掛號報稅更為簡單、方便，不同於網路報稅其便利性是民眾不需要申請電子認證，只需購買25元的「電子報稅e付卡」。國稅局收到報稅資料後，系

統會傳回報稅成功的通知到納稅人電子信箱，在家即可輕鬆完成報稅手續。

四、三種報稅方式，試算後方知哪種最有利，薪資不分開計稅，最易溢繳稅款

以下三種申報方式，並沒有固定的原則，可以舉出哪一種情形下，用何種方式申報最有利，必須經過試算。舉例加以說明如下：

這個綜合所得淨額，也就是夫妻報稅第一種申報方式，即全部所得合併申報所得淨額，再配合適用稅率，就可計算出應納的稅額。

第二種申報方式，以妻爲納稅義務人，夫爲配偶，將夫的薪資分開計稅，再合併申報。

第三種申報方式，以夫爲納稅義務人，妻爲配偶，將妻的薪資分開計稅，再合併申報。

將三種申報方式應納稅額計算出來後，再加以比較：

夫妻及受扶養親屬全部所得總額 減 全部免稅額 減 全部扣除額 ＝ 綜合所得淨額

（一）全部合併申報

綜合所得稅額 × 稅率 － 累進差額 ＝ 應納稅額 ⟶ ①

（二）以妻為納稅義務人，夫為配偶，夫的薪資分開計稅

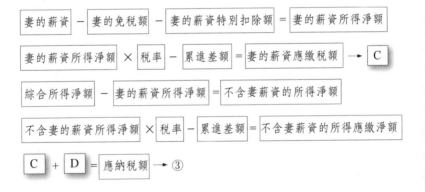

夫的薪資 － 夫的免稅額 － 夫的薪資特別扣除額 ＝ 夫的薪資所得淨額

夫的薪資所得淨額 × 稅率 － 累進差額 ＝ 夫的薪資應繳稅額 → A

綜合所得淨額 － 夫的薪資所得淨額 ＝ 不含夫薪資的所得淨額

不含夫的薪資所得淨額 × 稅率 － 累進差額 ＝ 不含夫薪資的所得應繳淨額 → B

A ＋ B ＝ 應納稅額 → ②

（三）以夫為納稅義務人，妻為配偶，妻的薪資分開計稅

妻的薪資 － 妻的免稅額 － 妻的薪資特別扣除額 ＝ 妻的薪資所得淨額

妻的薪資所得淨額 × 稅率 － 累進差額 ＝ 妻的薪資應繳稅額 → C

綜合所得淨額 － 妻的薪資所得淨額 ＝ 不含妻薪資的所得淨額

不含妻的薪資所得淨額 × 稅率 － 累進差額 ＝ 不含妻薪資的所得應繳淨額

C ＋ D ＝ 應納稅額 → ③

第三節　財產稅的節稅技巧

　　當納稅人持有土地或房屋，則必須繳納地價稅或房屋稅，買賣時，會有土地增值稅及契約等稅費；贈與時有贈與稅；財產移轉給子女時，會有遺產稅，同樣汽車有牌照稅，均屬於財產稅範圍。

一、地價稅及房屋稅

兩者均為財產稅，是針對財產在平時使用時課稅，前者是指以同一縣市內的土地申報地價總額採累進稅率課徵，因此，同一人不宜在同一縣市內有太多的土地，如此將以累進稅率課稅。在買賣時，除考慮土地增值稅及契約外，如土地欲在9月15日以前過戶者，最好能在買賣契約中明定地價稅的分攤方式，因為地價稅的納稅基準日為每年9月15日，在9月15日擁有土地所有權人，必須負擔全年的地價稅。地價稅的自用住宅優惠稅率是以一整年計算，納稅人必須在10月7日前提出申請（土地所有權人與配偶及未成年扶養親屬，適用自用住宅優惠稅只能以一處為限）才能享受優惠稅率。後者是指房屋所有人在持有期間，依房屋的價值及使用用途課不同的稅率，由於營業用房屋的稅率為3%，比住家用之1.38%高出甚多，所以，如果房屋曾經用於營業，如今已歇業或改成住家，應盡速申請變更用途，因為房屋稅的計算是依變更前後實際月分數來核計的。若是在該月15日前，則當月可適用新稅率，反之則適用舊稅率，但高雄市一律以次月起算。

二、土地增值稅

土地增值稅是指在土地所有權移轉時，就土地的自然漲價部分，依累進稅率課徵的租稅。其稅率的計算以漲價倍數為基礎而實施的累進稅率，稅率為40%、50%及60%分別是漲價總額未達一倍部分、在一倍以上而未達二倍部分、漲價達二倍以上的部分。

由於土地增值稅是按漲價倍數累進課稅，故多次移轉可以墊高土地成本，將可節省稅賦。例如：土地一塊，由1,000萬元上

漲至4,000萬元時出售,其漲價總金額為3,000萬元,則前1,000萬元適用40%稅率,第二個1,000萬元適用50%稅率,第三個1,000萬元適用60%稅率,因此,其應納稅額應為15,000萬元。

但若能在1,000萬元上漲2,000萬元時出售一次給親友,再利用同一公告地價期的空檔買回(不必繳交土地增值稅),俟漲至4,000萬元時出售,第一次出售因漲價倍數為一倍,土地增值稅為4,000萬元,第二次出售漲價倍數也是一倍(成本為2,000萬元×40% = 800萬元),二次出售所繳的土地增值稅只有1,200萬元,也少於1,500萬元,所以,如採多次買賣可減少土地增值稅,但也會增加一些如契約、監證費、代書費等費用,但如前例其金額如小於300萬元,仍是很划算的。故土地由10萬元漲成50萬元,其漲價倍數雖大,但使用優惠稅率,節稅效果不見得大。至於自用住宅優惠稅率是指土地所有權人於出售自用住宅用地時,可以申請以10%的優惠稅率來課徵土地增值稅,自用住宅用地適用優惠稅率是10%,必須符合下列的要件才能辦理:

1. 都市土地面積不得超過三公畝,非都市土地面積不得超過七公畝。

2. 出售前一年內,未曾出租或供營業之用。

3. 土地上建物須為土地所有權人、配偶或直系親屬所有,並在該地辦妥戶籍登記。

由於夫妻間房地產的贈與可以免繳納土地增值稅及贈與稅,因此,如果夫妻之間各有房地產要賣,可以先將欲出售之房地產移轉至同一人名下,再一併出售,如此,夫妻兩人均可以享用一生一次的自用住宅優惠稅率。如在未來要重購退稅,則最好不要申請自用住宅用地優惠稅率,而重購的優惠退稅,則每隔五年可

以重複使用，不受次數限制。

三、贈與稅、遺產稅

　　一般人都以為每個人一年都有100萬元的免稅贈與，而夫妻之間的相互贈與則是全額免稅的，而每年100萬元的免稅贈與額是以贈與人為計算依據，或如果父親利用土地分年贈與，以零星持分的方式贈與給所生的每一個子女，且贈與行為在發生後三十天內，向稅徵機關申報，但父親每年的100萬元超過上限，則仍會收到國稅局的補稅通知，因為國稅局在贈與行為發生七年內，都有權利隨時查核，千萬不要以為國稅局案件那麼多，應該不會查到我吧！所以最好及早利用每年每人100萬元的免稅贈與額，分年完成贈與行為，如果財產太多，而且時間又緊迫，則利用保險規劃或買賣移轉方式，以達成財產贈與或移轉的目的。因為保險中的理賠是免稅的，而不動產設定抵押借款時，可以減少資產的淨值，則抵押借款的金額轉向免稅的資產，則在計算贈與或遺產繼承之金額時，必須減去負債，則相對課徵金額也會比較少。

　　遺產稅是針對個人死亡後所遺留的財產而課稅，與贈與稅比較兩者均為累進稅制，若一年內有兩次以上的贈與，應將各項贈與額合併計算，另外，國外財產之贈與，若已依所在地的稅法繳納了贈與稅，也可檢據扣除。

　　父母將自己名下之不動產贈與子女，如果是12月31日與隔天1月1日各做100萬元的贈與，則兩者均可免稅，又夫妻是採分別財產制，名下各有自己的財產，則夫妻每年共有200萬元的贈與免稅額。所以，財產能平均分配在雙方名下，則可以加快財產移轉至子女身上的速度。

父母以自己名下的不動產贈與子女，亦可以考慮以持分方式贈與，只要每年不超過100萬元價值持分贈與，過了幾年，產權則可完全移轉了。父母為子女購買房地產，若其土地公告現值及房屋評定標準價格之和超過贈與免稅額（100萬元或分別財產制之200萬元），則可以將超過之金額以子女名義向銀行貸款，形成「附有負擔」之贈與。因為，贈與稅的扣除額，附有負擔時，由受贈人負擔的部分可以自贈與總額中扣除，至於日後，父母再以其每年的免稅贈與款代子女繳付銀行利息，亦可同樣達到免納贈與稅的目的。再者，移轉所發生的土地增值稅、契稅及監證費等，如果是由受贈人負擔，可視為附有負擔的捐贈，則可以檢據單據自贈與稅額中扣除，以減少贈與稅負擔。

　　重度殘障者的父親死亡，遺產總額可扣除殘障特別扣除額500萬元，依遺產及贈與稅法第十七條第一項第四款的規定，被繼承人遺有配偶、直系血親卑親屬或父母中，如領有身心障礙者保護法第三條規定的重度以上身心障礙手冊者，或精神衛生法第五條第二項規定的病人，每人得再加扣500萬元。以上所謂重度殘障的認定以合於中央主管機關所定等級，並領有身心障礙手冊者為範圍。

　　再者，境外的遺產，是否要課遺產稅？根據遺產及贈與稅法第一條規定：「凡經常居住中華民國境內之中華民國國民死亡時遺有財產者，應就其在中華民國境內境外全部遺產，依本法規定，課徵遺產稅。經常居住中華民國境外之中華民國國民，及非中華民國國民，死亡時在中華民國境內遺有財產者，應就其在中華民國境內之遺產，依本法規定，課徵遺產稅。」

　　所以，居住在中華民國境內的國民死亡時，其國外的遺產，

應課徵遺產稅。非中華民國國民,則只就其在中華民國境內的遺產,課徵遺產稅。

　　某甲為華僑,五年前已放棄中華民國國籍,國內有投資但無住所,經常往返國內、外。某甲因不幸飛機失事死亡,則某甲不是中華民國國民,只須針對其境內全部財產課徵遺產稅,但如果某甲是在死亡的前二年內,才自願喪失中華民國國籍,在中華民國境內有住所者,或無住所而有居所,且在死亡境內居留時間合計逾三百六十五天者,則依中華民國國民的規定,境內、外所有財產均要課徵遺產稅。但是,指定保險受益人所領的巨額保險金,依照保險法和遺產及贈與稅法的規定,被繼承人死亡時,給付受益人的人壽保險金額,不計入遺產稅額。如果在死亡保險契約未指定受益人,其保險金額必須作為被保險人的遺產。

　　中華民國贈與稅的課徵對象,係採屬人及屬地主義。凡經常居住中華民國境內國民,就其中華民國「境內」或「境外」的財產為贈與者,即應依法課徵贈與稅。如果是經常居住在中華民國境外的中華民國國民,及非中華民國國民,只就其在中華民國「境內」的財產為贈與者,才要課徵贈與稅,所以,某乙若是經常居住在中華民國境外的國民,他將自己在國外的存款美金100,000元,贈與給國內的姪子,依據現行稅法的規定,是不用課徵贈與稅的。

四、受災戶稅捐抵減,記得申報

　　在所得稅方面的災害損失抵減方面,凡是損失金額在15萬元以內者,都可以免勘查,受災後三十天內直接向國稅局申請災害損失證明。可以列報災害損失的項目,包括被土埋的房屋、泡水

家具、家電、汽機車等，現場尚未清理者，可以直接請國稅局人員到現場勘驗，如果等不及要趕快清理的話，可以拍照存證。房屋因淹水、土埋，無法居住或使用者，可以申請減免房屋稅，最少可以減徵一個月左右的房屋稅，如果復原期間超過一個月者，則可以視無法居住或使用的期間，減免房屋稅。減免的幅度，則視受損情況，如果毀損面積占整棟面積的五成以上，可以全免房屋稅，毀損面積在三成以上、五成以下者，房屋稅可以減半。泡水的汽機車，如果要報廢，也要記得向稅捐處申請免繳汽機車牌照稅，免得汽機車不能用了，還要無端繳稅。

五、扶養其他親屬宜辦妥同一戶籍登記

原本稅法規定納稅人扶養姪伯、甥舅等非直系親屬時，須與納稅人或配偶為同一戶籍才可認定，這項規定最近遭到大法官會議解釋認為是違憲，今後納稅人只要確有扶養無謀生能力親屬的事實，即使兩者不在同一戶籍內，仍可減除免稅額。實際上，如何證明有扶養事實，比較容易有爭議，最保險的作法還是在十二月底前將戶籍遷在一起，或是平日儘量做好銀行的資金往來紀錄，否則就得向里長申請扶養證明了。

六、醫藥及生育費是無金額限制的

除了平日的看診掛號費用外，還包括因身體殘障所裝配的助聽器、義肢、輪椅等各項支出，可以憑醫師出具的診斷證明與統一發票或收據，全數列報扣除。因牙病必須鑲牙、製作假牙或齒列矯正的醫療費及器材費，不含以美容為目的者，也可以憑醫師或院所出具的診斷證明及收據，列報扣除。亦可視今年的所得狀

況，再決定是否要在今年底前向醫院結算今年度所發生醫藥費或生育費，以列報今年扣抵之醫療費用。如果今年所得總額太少，則可選擇以明年結算總醫療費用列報。

第一節　何謂不動產投資

　　不動產又稱房地產，它是一種投資標的。當國家安定、經濟繁榮時，國民所得增加，外匯存底大增，人民手頭均富裕，房地產最具有投資的空間，從臺灣房地產發展的歷史來看，1986年至1989年止，是房地產的起飛階段（房屋貸款利率很低），當時股市逐漸飆漲，外匯由USD換TWD33升值至USD換TWD27，到處欣欣向榮，但至1990年開始，房地產開始一路走下坡，至目前為止，如果是購買自住型的投資，必須支付沉重的貸款利息，以及房屋的折舊維修與地價稅，如果房地產價格未漲，其實也賠了。但是投資型的投資，則將形成「房地慘」了，不是面臨斷頭就是被銀行查封拍賣的命運。

　　基於臺灣人民一直認為要有一個安定的家，不願以承租的方式租賃，再者，以前如果是租賃方式也必須到法院去公證，才能在租稅上減免，但採自用住宅的貸款利息均可在扣除利息後，採列舉扣除額的方式列舉貸款利息，可以達到節稅的效果。但現今的稅法，已對租賃的承租人有適度的優惠稅率措施。

　　購買房地產必須要注意該項商品的特質與其市場的前瞻性，有所謂掌握資訊就是掌握成功。進而去審慎分析評估目前房地產

其座落地點的風險與獲利性評估，其投資才有價值，它的特性不比股票、債券、共同基金、外匯、黃金，是屬於流動性很低的商品，一旦遇到國家情勢不安定或景氣低迷，想要承接不動產的投資人也不會太多，所以造成流動性的損失。

第二節　不動產的交易方式

不動產包含了土地及地上物，其具有不可移動性，土地基於供需原則，具有不增性與不可分割性，另外投資房地產必須考慮區位因素、建築型式、周邊環境，具有不能完全複製性，在所有投資商品中是最具有異質性的商品，房地產對於自用住宅者而言具有消費與投資的性質。

買賣房地產時，在不了解資訊的情況下，最好能委託可信任，且有商譽的公正仲介公司或代書辦理相關事宜，其交易流程如圖3。

再者，在投資房地產時，必須抱著深思熟慮的規劃心態去處理，下列是其投資的幾個步驟：

一、決定投資策略

要注意自己本身的投資目標、生活理財觀，且將目前的資金作一SWOT分析（Strength, Weakness, Opportunity, Threat，簡稱SWOT），覺得時機已到，做資金的規劃與策略，擬出初步可行的方案。

二、找尋各種投資資訊

尋找符合前項擬定初步的投資個案。具體化且規劃資金能力，再者，對當地的物價、地點，作一評估分析。

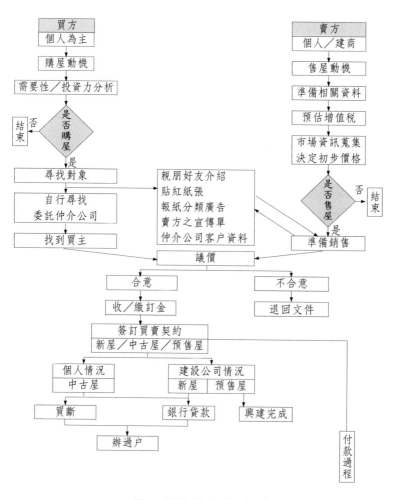

圖3　房地產交易流程圖

三、建立利潤、風險分析

可能造成的投資標的之未來利潤，如果轉賣，是否有投資客，其投資客還款能力的風險，房屋與土地的未來價值與風險評估。

四、與賣方協商買賣契約

針對價格、交易條件、稅務規劃、其他附帶條件等,均一併說明。

五、市場分析

針對現行政治、法令條件、未來的投資潛力、目前房地產環境結構,作一深入了解。

六、稅務規劃

考慮如果不是長期持有,在短期間買進、持有、賣出要負擔的稅賦有哪些。

七、進行個人現金流量表分析

將個人現金流量作一確實的評估與了解後,才決定最後的投資決策。

八、買賣契約交易方式

不同時期的稅賦必須考慮清楚,在買入不動產時須安排買進當期的稅賦、持有期間的稅賦與脫手時之稅賦,如果買房是採合資的方式進行,就要更留意資金的去處與保管人,如全體達成協定以銀行信託的方式處理,集資來的資金會更有保障,才不會掉落詐騙人的口袋中。

第三節　實價登錄

一、實價登錄流程

1. 主要是要求不動產買賣雙方、地政士或不動產經紀相關業者，在房地產買賣完成並完成所有權移轉登記的三十天內，必須要主動向主管機關申報，如實登錄買賣案件的實際成交價格。

2. 買賣預售屋方面，也應在代銷契約屆滿或終止的三十日內，申報登錄該物件實際交易價格。

3. 如果是委託仲介辦理的租賃案件，同樣需要在簽訂租賃契約書後的三十日內，向主管機關申報登錄該案的實際租金。

4. 需要登錄的資料主要可分為三大項，包含交易標的、價格資訊及標的資訊。交易標的方面，必須登記項目包括登記收件年字號、建物門牌、不動產標示等。價格資訊，則涵蓋房地交易總價、土地交易總價、建物交易總價、車位個數、車位總價等。而標的資訊，指的則是土地移轉面積、建物移轉面積、使用分區或編定、建物現況格局等。

二、資訊誰該負責登錄呢？

1. 依照規定，若是由買賣雙方自行交易的物件，須由買方負責登錄，賣方沒有負責登錄的義務。

2. 若是委託仲介、代書等不動產相關業者辦理，則由業者負責按照成交價格登記。

3. 如果違反實價登錄是否有罰則？違反實價登錄罰則可處新
臺幣3萬元以上15萬元以下罰鍰。

第十章

法拍屋不動產投資技巧

第一節　法拍市場概況

　　法拍屋，顧名思義是法院的拍賣物。就是法院民事執行處進行對債務人的財產強制執行程序時，為滿足債權人的金錢債權，會將債務人的財產變現為現金，而用以清償債務人所積欠的債務。根據最新統計，2018年全臺第一季達1,231棟，為三年同期以來最大量，年增7.1%，尤其桃園暴增逾八成最高。專家認為是由於建商周轉不靈，流入法拍市場的物件增多了。突顯國內不良債權在急遽加速中，尤其來自金融機構所潛藏的呆帳問題，不減反增，並有持續惡化跡象，當然無形中也間接促成法拍市場的活絡性。

　　同時資料顯示，平均每3.16拍次即可拍定，以一宗總價1千萬的房屋，經三次拍賣後，價格約為市價的64折，且就拍定總金額屢創新高情形觀之，在當前景氣低迷，不動產交易量持續萎縮下，法拍市場並非「歹年冬」，反而呈相當榮景情形。

　　臺灣不動產拍賣市場除拍賣標的物與國外不動產拍賣有極大的差別之外，臺灣的不動產拍賣同時有數個拍賣次市場並行亦是其特點。再者，又由於受到相關法令對不良債權不動產抵押品處分的限制，這些拍賣次市場間並非是數個平行的拍賣次市場，而

是呈現垂直分隸的現象,也因此造就了臺灣極為特殊的不動產拍賣環境。

買法拍屋的優點:

一、總價低,物超所值:法拍屋價格比市價低廉。

二、產權清楚,可減少購屋糾紛與風險。

三、因免監證、免印花,故稅賦較少、過戶迅速。

四、可高額房貸。

第二節 不動產拍賣作業程序

法拍屋資訊來源可從下列管道取得資訊:

一、執行法院公告欄(繁雜不易查閱,惟內容最具正確性)。

二、報紙廣告欄(散見各報紙,不易蒐集完整)。

三、司法院網站(http://www.judicial.gov.tw/index-jud.htm)中各地方法院網站(視各地方法院網站建構,完整性不一)。

四、坊間專業法院拍賣刊物(資料較集中,但僅摘要收錄,仍須以執行法院公告內容為準)。圖4為不動產拍賣的作業程序及圖5為參與投標及拍定後作業流程。

另外在投標之前,要詳細閱讀拍賣公告內容,並應注意下列問題:

一、租賃權問題:查明拍賣標的物是否有租賃權存在,法院有無排除。

二、抵押權問題：一般拍定後抵押權均可塗銷，但經協議且同意者例外。

三、點交問題：標的物如有人承租或被占用情形，法院通常都不辦理點交，標購人須與占用者協調，在過程中較麻煩，且可能要花費一筆錢才能解決或另行起訴。

四、標購資格：考量標的物是否有承購資格之限制（如國宅或工業用地或農地等），了解本身是否符合資格才去投標。

五、優先購買權：查明該標的物是否有其他人有優先購買權，如地上權人、共有人、承租人等。

➢ 如何填寫投標書：

1. 投標人可向地方法院為民服務中心洽買投標書暨保證金封存袋。

2. 請填寫法院名稱，可依拍賣公告所載案號、標別、股別填寫。

3. 請填寫投標人姓名、住址（請填寫與戶籍地相同之住址，如另有連絡住址請另外載明）、連絡電話、出生年月日、身分證統一編號等。
   如委託他人代理，請於委任狀欄位的委任人、代理人均應簽名蓋章。代理人姓名、住址、連絡電話、身分證統一號碼（最好附影本）請詳為填寫。

4. 地號、建號、權利範圍可依拍賣公告內容填載，願出價額、總價，應達於底價，可等於或大於底價。

5. 保證金封存袋填寫案號、投標人姓名、代理人姓名、簽章。

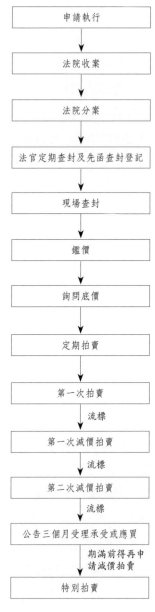

圖4 不動產拍賣的作業程序

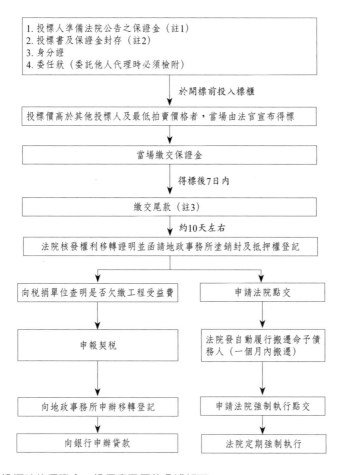

1. 投標人準備法院公告之保證金（註1）
2. 投標書及保證金封存（註2）
3. 身分證
4. 委任狀（委託他人代理時必須檢附）

於開標前投入標櫃

投標價高於其他投標人及最低拍賣價格者，當場由法官宣布得標

當場繳交保證金

得標後7日內

繳交尾款（註3）

約10天左右

法院核發權利移轉證明並函請地政事務所塗銷封及抵押權登記

向稅捐單位查明是否欠繳工程受益費

申請法院點交

申報契稅

法院發自動履行搬遷命予債務人（一個月內搬遷）

向地政事務所申辦移轉登記

申請法院強制執行點交

向銀行申辦貸款

法院定期強制執行

至於投標時的保證金、投保書及尾款分述如下：

註1　保證金：原則以拍賣最低總價之二成計算，通常開立銀行為發票人之即期本票或劃線支票為之（仍須詳閱法院公告為準，因各地方法院要求不一）。

註2　投標書：應載明①投標人之姓名、年齡及住址；②願買之不動產；③願出之價額。

註3　尾款：投標總價扣除保證金後之餘額，支付方式同保證金必須一次付清。

圖5　參與投標及拍定後作業流程

> 法院拍賣流程：債權人聲請執行 → 法院收狀 → 民事執行處分案 → 執行處推事排定 → 書記官執達員執行查封 → 鑑價及函地政查封登記 → 向債權債務人及相關人詢價 → 公告及登報定期拍賣 → 第一次拍賣 → 第二次拍賣 → 第三次拍賣 → 應買公告 → 拍定或承受 → 查核增值稅 → 拍定人或優先承買權人繳納價金 → 核發權利移轉證書及函地政塗銷登記 → 製作分配表 → 訂出分配日期 → 發款→ 拍定人聲請點交 → 命債務人自動履行 → 書記官現場履勘 → 強制執行點交 → 執行完畢。

第三節　投標人資格與投標時機

一、投標方式

投標人資格公告、內容皆有明確記載，茲分述如下：

（一）國民住宅應買人

拍賣政府興建之國民住宅，其應買人或承受人以具有購買國民住宅之資格者爲限。

（二）外國人

外國人不得爲土地法第十七條所列各款土地之應買人或承受人。

（三）耕地應買人

自農業發展條例於2000年1月26日修正公布施行後，耕地應買人不受農民身分限制（仍以自然人爲限，法人須經特許），且可登記爲共有，惟應注意再應買之耕地合計不得超過二十公頃

（含原有農地），否則取得行為無效，並不得為移轉登記。除以上限制外，只要執行債務人、法院執行拍賣人員（法官、書記官及執達員）以外之人（自然人及法人），皆可參與投標。

二、投標時機

1. 投標人應先充分了解不動產的狀況（屋況、市場行情、投標標價以外應負擔的費用等），設定投標總價，適時參與投標。

2. 依強制執行法第九十一條規定，倘債權人不願承受或無人應買，由執行法院酌減拍賣最低價額再行拍賣，酌減數額不得逾20%，依現行法令可進行三次拍賣（即二次減價拍賣），仍無人應買時，應公告三個月期間受理應買（依第三次流標底價），上述期間得依債權人或債務人之聲請再行減價拍賣（即特別拍賣）。

綜上所述，拍賣次數愈多，價格自然愈便宜，至於第幾拍應參與投標，並無定數，因法院所核定之第一次拍賣底價並非全然接近市價，故完全視投標人詳細評估後選擇參與投標之時機（尤其不需要在第一次就趕著去搶標）。

三、投標公告內容應注意事項

除以上投標人資格及投標時機外，仍有以下重點必須注意：

（一）拍賣之最低價額

投標人須詳閱公告內容之拍賣底價，如有數宗不動產合併拍賣者，應注意投標總價是否高於法院所定之最低總價。

（二）房地產之狀況及有無點交之記載事項

依「辦理強制執行事件應行注意事項」第四十三項規定，對於點不點交及設定負擔之狀況，均應公告。不動產權利簡單的說分為所有權與使用權，自法院拍賣之不動產必能順利辦理產權登記，取得所有權，惟是否能及時取得使用權，端視拍賣公告內容是否有點交之記載。

1. 點交的方式

拍賣之不動產，查封時為債務人或其占有輔助人占有者，應於拍賣公告載明拍定後可以點交。所謂點交，係指法院會依拍定人聲請強制債務人或占有人搬遷，依不動產現況點交予拍定人營業。

2. 不點交的方式

拍賣之不動產，如查封時為第三人占有（如出租等因素），依法不能點交者，則應詳載其占有原因及依法不能點交之事由。如有不點交之記載，未必全然無法同時取得使用權，常見情形如下：

(1) 投標人事先與占有人取得協議同意自行搬遷，投標人只要將額外須支付費用列入成本，並控制於購屋預算內，自可參與投標且毋庸經過法院點交程序。

(2) 不動產有出租情形，基於民法第四百二十五條「買賣不破租賃」之規定，其租約對拍定人仍然有效。上述之租賃關係，如果是發生在抵押權設定之後，而對抵押權有影響者，因有出租不點交，導致無人應買而價格下滑，民法第八百六十六條規定「不動產所有人設定抵押權於同一不動產上得設定地上權，及其他權利，但其抵押權不因此而受影響」，如影響到抵押權、排除

租賃，法院得依抵押權人之聲請排除租賃後可以點交，實際上常見抵押權人向法院聲請排除租賃權情形，且排除後會另行公告再拍賣。

第四節　不動產拍定後應負擔之稅費

一、稅賦的負擔

不動產拍定後應負擔的稅費有土地增值稅、地價稅、房屋稅、契稅、工程受益費、因重劃積欠工程費用或差額地價、營業稅等，可直接從表16中與實務的情況中了解，應分擔之稅費說明見表16法院拍定後應負擔稅賦部分。

二、實際的情況說明

1. 土地增值稅：自拍賣價金中扣繳，不必由拍定人另繳。
2. 地價稅：如非大面積土地，其金額可不予考慮。
3. 房屋稅：自取得權利移轉證明書後按月計算，符合使用者付費原則。
4. 契稅：依房屋評定價值×6%計算。
5. 工程受益費：可向稅捐單位查詢，惟實務上不多見。

三、投資法拍屋應注意事項

1. 法拍之不動產經向地政事務所申請登記簿謄本，發現該不動產已設定第一、二、三順位之抵押權，如向法院拍賣後，原屋主不足清償之債務如何處理？

表22 法院拍定後負擔部分

項次	項目	法院拍定後負擔部分
1	土地增值稅	一、原則上，自拍賣價金中扣抵，不必另繳。 二、例外：抵押權不塗銷，價金不足繳交土地增值稅，拍定人則需要補差額。
2	地價稅	一、被拍賣所有權人欠稅不繳。 二、納稅義務基準日（9/15）前取得移轉證書，當年期由拍定人繳稅。
3	房屋稅	一、被拍賣所有權人欠稅不繳。 二、拍定人自取得移轉證書日起，按月計算繳稅。
4	契稅	可按拍定價或房屋評定價申報。
5	工程受益費	一、被拍賣所有權人欠繳已開徵工程受益費，由拍定人代繳。 二、被拍賣所有權人欠繳已公告為開徵之工程受益費：1. 提前繳；2. 承諾開徵時繳。
6	因重劃積欠工程費用或差額地價	土地登記簿謄本有記載，須繳清始能辦理產權登記。
7	營業稅	一、被拍賣所有權人為公司、法人營利事業組織時，按「建物」拍定價5%營業稅由拍定人繳。 二、土地部分或所有權人為自然人，不必加5%營業稅。

資料來源：作者整理。

依強制執行法第九十八條第三項規定：「存在不動產上之抵押權及其他優先受償權，因拍賣而消滅」，因此，投標人毋庸擔心原屋主不足清償之任何債務問題，可安心承買該不動產。

2. 數宗不動產分別標價合併時，當投標總價高於拍賣最低總價，惟其中一宗土地投標價格低於拍賣最低價格，是否為廢標？

依實務上須儘量避免，因少部分執行處法官未能熟諳法令，曾有當場宣布廢標之情形發生，徒增投標人困擾，惟依現行「辦理強制執行應行注意事項」第五十項第一款及第二款規定，只要投標總價高於拍賣最低總價即為有效投標。

3. 得標後未依限期（七日內）繳交尾款，可否要求法院退還已繳交之保證金？

此時暫時無法退還保證金，依強制執行法第六十八條之二規定，拍定人未繳足價金者，執行法院應再拍賣，再拍賣時原拍定人不得應買，如再有第三人拍定之價金低於原拍賣價金及因再拍賣所生之費用，原拍定人應負擔其差額，舉例如下：

原拍定價額 　　　　500萬元（保證金100萬元）

再行拍定價額 　　　450萬元

原拍定人應負擔之差額為150萬元，此時不僅無法退還保證金100萬元，甚至會被法院強制執行不足之50萬元，投標人於投標前必須審慎，千萬不要賠了夫人又折兵。

4. 拍賣最低總價為500萬元，如果自有資金只有200萬元，其餘向親友借調勉強湊足500萬元，不知拍定後該不動產可向銀行貸款額度為何？又約多久時間可償還親友之借款？

根據最新統計資料顯示，目前拍定價格約為市價之54-80%間，因此通常銀行對一般法拍不動產約可抵押借貸為

拍定價格之七成,又拍定之不動產如係該銀行所聲請執行查封、拍賣者(即原來抵押權人),甚至可借貸至八成;至於核貸時間,原則上自拍定人繳交尾款後45天左右應可順利核貸,惟投標人仍須注意法院核發權利移轉證明書時間,辦理產權登記並及時核送相關資料予銀行鑑估。

第五節　法拍市場與仲介搜尋市場的差異性

特殊制度造成法拍屋獨特市場,由於法院拍賣制度特殊性,造成法拍市場與仲介搜尋市場有相當大差別,其主要差異有:

一、交易目的特殊

法拍屋乃法院利用拍賣方式處理抵押之不動產,以拍得價金清償債務人之債務,此乃法拍屋交易之主要目的,其交易目的與仲介搜尋市場並不相同。

二、市場風險高

由於法拍屋並不提供看屋服務,僅能在拍賣公告上得知其部分屋況如:空屋與否,或競標者僅能至拍賣標的附近觀察,對於實際屋況掌握有限;再者,拍賣公告中的點交與否,則為產權取得重要因素,但點交住宅並不能完全保證房屋屋況完整無缺,加上過去海蟑螂盛行,使得購屋風險相較於仲介搜尋市場高。

三、資訊揭露不足，市場競爭程度差

法拍屋相關資訊獲得僅能由法院拍賣公告或是相關雜誌與網站獲得，一般人獲得法拍屋相關資訊之成本相對於仲介搜尋市場高。由於資訊揭露不足等因素，造成法拍屋參與人數少，市場競爭程度差，難利用拍賣使價格提升至市場應有之價格。

四、投資客市場

由於法拍屋市場風險高且資訊揭露不足，造成進入法拍市場以投資客居多，投資客風險偏好程度與一般購屋者不同，法拍屋雖有超額利潤，卻同時隱含高市場風險，一般民眾參與此市場仍應謹慎。

五、資金成本較高

目前已有部分金融機構承辦法拍屋貸款事宜，但仍不普遍，且貸款管道少。此外，法拍屋規定須在得標後七日內繳清拍賣價金，故資金成本壓力較大。

第十一章　銀行新型金融趨勢—Fintech

第一節　P2P網路借貸？算不算違法？

關於金融科技（Financial technology，稱為Fintech）的領域，透過了借貸平臺P2P網路的科技，個人可將現有資金以放貸方式給其他有需要資金用途的企業或個人。不過，P2P網路借貸模式，是否可能涉及違法吸金、廣告不實或者重利罪等問題？有待日後再來考驗。

網路借貸P2P（peer-to-peer lending），是指透過線上服務的媒合貸借雙方，讓個人化身為小銀行將資金放貸給有需要的企業或個人運用。關於這類的網路借貸平臺，目前較盛行的有美國Prosper、Lending Club OnDeck，以及英國的Zopa及RateSetter，至於臺灣則有哇借貸、鄉民貸、LnB信用市集及臺灣資金交易所四家業者。

金融科技的P2P網路借貸，以目前來說可說是發展較迅速及成功的商業業務模式，世界最大的5家P2P借貸平臺（Prosper、Lending Club、OnDeck、Zopa以及RateSetter），根據統計，每

年放款的資金額度已超過100億美元[3]。至於美國的 Lending Club
與OnDeck業者，成長迅速，於2014年在紐約證券交易所掛牌上
市。

P2P網路借貸的服務優點項目

　　由於網路普及，人手一臺智慧型手機，透過網路技術的絕對
優勢，加上不用像銀行那樣有著嚴密的金融法規的規範，所以
P2P科技相關的網路借貸業者可以用較低的放款利率來吸引貸款
給企業或個人。這些網路借貸平臺有精算過方法評估給借款人的
風險，例如：從大數據資料（Big data），業者要求借款人提供
相關網路銀行的歷史紀錄，以及觀察調查借款人在網路社交平臺
上的活動，又或者是偵查借款人在網頁上滑鼠點閱資料的頻率多
寡及相關數據分析等，因而可以服務到銀行所服務不到的長尾
（The Long Tail）客戶群。因為是透過網路接觸的消費者，借款
人在區域性上的分布通常較為廣泛，同時平臺本身並不提供資金
借貸，所以P2P網路借貸平臺，有著比普通銀行更具有分散性的
信用組合。

　　P2P網路借貸模式的出現，挑戰了世界各國目前現有的金融
監管體制。如果過於嚴格監管 P2P 網路借貸模式，高昂的法規
成本可能會導致遏殺P2P 網路借貸模式，甚至是遏止了金融科技
未來的發展前途。

　　臺灣對於P2P網路借貸。根據2017年9月14日，金管會銀行
局強調，P2P網路借貸平臺並非金管會所管轄的金融業務性質，

---

[3]　參考網址：http:// www.economist.com/news/special-report/21650289。

不過必須要遵守不得涉及收受存款或儲值等「五不原則」，只要逾越、就會涉及觸法的行為。

其項目如下：

第一：業者提供的撮合平臺及資金借貸契約服務，不得涉及發行有價證券、受益證券或資產基礎證券等。

第二：業者提供借貸的代理收付服務，不得涉及儲值款項及收受存款等行為。

第三：業者必須要提供資訊揭露及蒐集及交換、信用評等服務，必須符合個資法的規定來營運。

第四：業者要提供合法的債權催收服務，不得有不當催收或騷擾性催收債務等。

第五：業者其他相關的作業規範，不得違反公平交易法及廣告不實，甚至多層次傳銷管理法等法令規定之行為。[4]

第二節　物聯網（IOT）的創新運用與加薪

2008年美國的次貸危機形成了金融風暴，全球的競爭化日益激烈，為了要提升產業的核心競爭力，必須要掌握新興的核心技術能力，因此，物聯網（Internet of Things, IoT）的發展前途，成為了世界各國產業的重要戰略。特別是世界以高齡化、少子化的趨勢發展，該如何控制各國的內需市場成長，以及勞動供給減少的問題，演變成生產力危機，所以應用物聯網提升生產力，成

---

[4] 參考來源：許杏宜，〈P2P網路借貸的法律未來〉，《會計研究月刊》第368期，頁44。http://www.accounting.org.tw/blktopic.aspx?b=56。

爲各國勞動力缺乏的關鍵解決方案。

世界科技的發展，已經從僅追求單點最適化，朝向「系統性思考」（systems thinking）與「技術融合」（converging technologies）的整體最適化趨勢發展。特別是高齡化、少子化，以及中國和印度等新興國家崛起，造成全球經濟生態環境的變化下，人口的變化將會導致世界各國內需市場的萎縮，衰減的勞動投入的人口會造成生產力的危機，進而最後衝擊到各國的經濟發長。不過，利用物聯網的技術，可以提高生產力，替代勞動人力不足的解決方案。

關於物聯網的應用，不僅是有助於提高產品、品質及服務，還可以開創新興產業，解決高齡化、少子化，以及氣候變遷等嚴峻的問題。

隨著無線射頻辨識系統（radio frequency identification, RFID）的無線通訊技術出現之後，便能透過RFID技術連結實體物件及虛擬數據資料，實現了遠端監控、辨識、偵測等應用服務提供等，更加讓物聯網觀念具體化，進而促使物聯網應用的領域無遠弗屆地擴大。早在2005年時，國際電信聯網（ITU）發布《ITU互聯網報告2005：物聯網》，正式昭告了物聯網的基本概念。

在2009年時，美國IBM公司提出了「智慧地球」（smarter planet）的方案，提議美國政府要投資新世代的智慧型設施，將感測器裝入鐵路、橋梁、隧道、供水系統等公共設施，用於建立監控的網絡。之後，美國國家科學基金會（National Science Foundation），同時也推動了網宇實體系統（Cyber-Physical Systems, CPS）的研究計畫。

中國大陸在2015年提出「互聯網+」等概念，及公布「中國製造2025」的戰略計畫，強調未來將以智慧製造為核心技術能力，全力推動經濟與產業模式，期許2025年時中國由「製造大國」轉型為「製造強國」的目標發展。整體而言，透過物聯網的智慧技術發展下，將會快速處理產業的升級及轉型，讓大眾生活轉變為全新的科技時代，是當前世界各國產業發展的重要策略方針。

根據日本瑞穗銀行的分析報告，「物聯網」之所以得以實現，主要是來自：(1)感測器技術(2)網路技術與(3)運算處理技術，三大技術的創新（表22）。

表22　實現物聯網之技術創新

創新技術	內　容
感測器技術創新	・感測器的小型化 ・感測器的節電化 ・感測器的低價化
網路技術創新	・傳輸速率提高 ・通訊範圍擴大 ・通訊成本下跌 ・IP位址的數量激增（IPv4約為2的32次方，而IPv6為2的128次方）
運算技術創新	・數據分析能力增強（大數據分析）CPU高速化分散處理記憶體內運算（in-memory computing）等 ・雲計算進展快速

資料來源：日本瑞穗銀行調查。

「物聯網」的創新價值，來自以下四種可能的發展途徑：

1. 最適化製程

從機器設備、物流管理、業務流程、生產製程等，均能透過蒐集的數據進行分析，給予最適化、效率化的配置，進而大幅改善不必要的等待時間、庫存、外部委託、能源消耗等，有助於企業降低生產的成本及時間。

2. 風險管理強化

商品聯網以後，可運用遠端監控來操作，進行事前管理、故障預警等功能，可以減少損失，可幫助企業降低商品的生產成本及時間效率。關於公共設施的聯網監管，可以進行事前的維護，降低災害發生的可能性，減輕發生災害時的損失等功能。

3. 市場行銷加強

透過物聯網可以加強與顧客之間的互動，運用蒐集到的消費者相關習慣等資訊，可透過大數據的分析報告，進而生產更符合消費需求的產品與相關服務，讓企業增加產品與服務的附加價值及促進銷售等。

4. 開創新產業與新服務

善用大數據分析的相關資料，可以開發新產品，創造新的相關產業以及開創新的營運模式等，可刺激消費市場，有助於行銷市場及經濟的成長。由於物聯網創造新價值的商機，是企業各界對物聯網極大肯定的原因。

經濟部也全力推動關於物聯網工程師的技能證照，將有助於物聯網前途發展，並能為企業及臺灣經濟創造新的價值。[5]

---

[5] 參考來源：王文娟，〈物聯網的概念及應用〉，《經濟前瞻》第168期，頁29-36。http://www.cier.edu.tw/site/cier/public/data/029-036-%E5%89%8D%E7%9E%BB%E7%84%A6%E9%BB%9E-%E7%8E%8B%E6%96%87%E5%A8%9F.pdf。

第三節　投資決策所要的考量因素

　　投資人透過公民營銀行及郵局承辦「存款」業務居多。共同基金及信用卡業務明顯的大多由民營銀行囊括，這種傾向可能是民營銀行為了提升金融市場占有率，紛紛對於金融商品擬定不同的行銷策略。投資可以定義為把資金投入在我們將持有一段時間的一種或多種資產上之行為。因此，所謂投資是用資金或財務透過直接或間接的支出，以期能在未來獲得預期收益或報酬。換言之，投資也就是利用目前可供消費財富的價值，以賺取未來財富的價值，這種以目前財富為代價以換取預期之收益，就稱為投資。投資就是現在先投入一筆錢，未來一段時間後再拿回更多的一筆錢，當然還要先扣除期間的通貨膨脹。因此，影響投資決策因素可分為基本因素和其他外在因素。

一、基本因素

（一）報酬

　　投資者之所以要報酬，主要因素在於獲取收益。投資者預期投資到未來的某個時點，即可產生多少報酬，而且這個未來預期報酬所產生的效用，一定要大於犧牲投資者目前可消費財富價值所產生的效用，投資者才願意投資。

（二）風險

　　投資者在考慮投資決策時，除了要考慮報酬最大外，還要考慮如何降低風險，也就是投資的不確定性。通常在其他條件固定的情況下，報酬愈大，所伴隨的風險也愈大。所謂風險，就是指預期報酬和實際報酬發生差異的可能性，因此投資者要考慮如何

管理風險，使報酬和風險取得均衡點，由於報酬和風險成正向變動，投資者會考慮在可容忍的風險程度下，報酬應該要求多少；而報酬和風險間的均衡點，就是投資者會採取的投資決策點。

（三）投資者的認知

投資者在做投資決策時，一定要考慮所投資的種類特徵、風險及預期報酬，一定要在對投資工具有充分認識後才做投資，不要貿然行動。

（四）總體投資環境

需考慮整個投資市場的資訊是否容易取得，證券價格是否反映其公平市價、政府對個別投資工具所採取的態度是開放或保守等因素，因為個別證券是附屬於整個投資大環境中，所以個別證券的表現受環境的影響，因此投資者的投資（investment），係指目前可供消費的財富，直接或間接的投入在一些標的物上，以獲得未來預期之報酬，就是所謂的投資，而影響投資的因素包括報酬、風險和時間等三個條件。針對選擇不同金融機構之考量因素作比較，可知在人情因素方面，公營銀行及信合社所占比率最大，這可能是因為新金控加入競爭的結果，迫使公營銀行及信合社職員必須使出渾身解數之力來招攬客戶。另外，在做配套服務及產品種類方面，民營銀行是最被要求的，或許也就是因為其創新的產品與服務，才能在原本以公營銀行為主的金融市場中搶占一席之地，而郵局則是因為地點方便，才得到投資人的青睞。

二、指數選擇權

指數選擇權商品是國內唯一能在網站上提供報價系統的工

具，目前只有日盛——日盛證券與日盛期貨，也吸引不少投資人上網查詢，流量也較以前高出兩成。現貨指數選擇權於2001年12月24日正式上線，首日的交易量就以倍數增加，故網路報價透過市場價格的透明化，更吸引投資人，最快在五秒內就可以獲得交易回報，不但有助於推動選擇權市場，更為股市可能開放的晚盤交易作周全準備。韓國是全球選擇權最大的市場，其寬頻普及率高，所以網路下單非常方便，隨處都可下單買賣選擇權，加上成本不高，形成韓國的全民運動。

第四節　臺指選擇權是避險好管道

選擇權是一種權利，與股票、期貨是一種義務不同，它可看作是標的物為臺股指數的短期保單，只不過買賣雙方都是投資人，買方所享有的權利與賣方所承擔的義務是不對稱的。臺灣期貨交易所為降低投資人的流動性風險，提高市場效率，特別引進造市者制度，這是我國股市所沒有的，造市者宛如外匯指定銀行在外匯市場，銀樓在金飾市場所扮演熱絡總市場的角色。臺指選擇權的合約為50元乘以指數，是臺指期貨合約大小的四分之一，合約規格小適合我國股市以散戶為主的特性，也符合我國認購權證發行四年以來，投資人偏好價外選擇權以小博大之投資習慣。投資人的交易成本，僅依權利金的1.25‰課徵交易稅，以臺股指數5,500為例，如價外選擇權權利金約6,000元計算之，每口交易稅少於10元，加上每口300元至600元的手續費，投資一口選擇權只要6,000多元，使一般小額投資人可在經濟許可的範圍內進行投資，頗符合我國投資人市場結構的特性。選擇權之定價與避險

為臺指的非線性函數遠複雜於期貨的線性函數,且選擇權的交易策略及委託下單方式也比股票期貨更多元化;另一方面,投資人及營業員對自己陌生的產品也不敢貿然投資,投資人應了解選擇權的投資比股票更複雜,股市中常戲言由猴子選股與由專家選股獲利機會相近,但在選擇權市場,只有專家才是臺指選擇權市場真正的贏家。

一、買方僅能於到期時行使權利

買權,就是買方付了權利金後,可以在到期日前用約定好的價格,向賣方購買標的物的權利。

買權的內容,包括了約定好的時間、約定好的價格、可以選擇要不要買,這些都是從賣方那裡用權利金換取的權利,也是賣方必須對買方承擔的義務!

交易標的為臺灣證券交易所發行量加權股價指數。臺指選擇權履約形態訂為歐式選擇權,亦即選擇權買方僅能於到期時行使權利,以避免賣方因隨時可能被要求履約,而導致操作策略受限。其契約乘數規劃為每點50元,換算契約價值以4,000點計,每張約20萬元,屬於小型契約,有利一般投資人操作。

在契約序列方面,考慮我國股票市場波動幅度較大,為使掛牌契約涵蓋標的指數,新月分掛牌時共推出五個序列(一個價平,價內、價外各二),而當指數收盤價達到最高或最低履約價格時,次日即依序推出新的序列,並以達到標的指數之外兩個契約為準。另為避免影響權利金過低或過高的契約成交,不同權利金級距宜採不同的報價單位,臺指選擇權以權利金10、100及1,000點為分界,訂定不同之最小報價單位,其報價單位與價

格之比率約為1-5%。每日漲跌幅度限制部分，比照認購權證作法，以理論價格之最大漲跌點數為基準，將選擇權每日最大漲跌點數訂為標的指數7%。為考量市場初始建制，市場規模及制度機制運作之安全性，初期以自然人600口、法人2,000口為限制，未來再視市場情況調整。另外為配合臺股期貨，臺指選擇權的最後交易日亦訂於每月的第三個星期三，到期日則訂為最後交易日之次一營業日。

由於臺股選擇標的為股價指數，無法以實際成分股交割，故採現金交割，亦即以到期日之結算價格（現貨價格）與履約價格之差額進行結算。

➢ 買賣選擇權要注意的風險

1. 技術門檻相對較高

因為選擇權的個性跟其他金融工具的特性不同，交易策略也相對比較靈活，因此選擇權的進入門檻比較高。

2. 價格波動大，控制難度高

因為選擇權買方及賣方權利義務不同，買方需準備權利金，而賣方需支付保證金，因此在交易中，要小心權衡價格的波動度，避免出現不必要的虧損。

3. 權利會隨時間耗損

因為選擇權可能只要幾千元就能入場交易，如果投資人的觀念比較不清楚，忽略權利會隨時間消耗，很可能在短時間就虧光所有資本，因此要小心資金如果使用不當，可能會帶來巨大的風險。

4. 有限期而沒辦法長期持有

相對股票與現貨，選擇權有到期日，隨著時間流逝，權利金也會跟著流逝，屬於無法長期持有的消耗性資產。

二、利率交換

投資人也可以把「利率交換」（Interest Rate Swaps），當作一種交易工具來獲取利潤。利率交換通常是公司法人與交易商（Swap Dealer）所簽訂的一種契約。參與利率交換雙方約定依據某一固定本金，計算、交換其應計利息。自從利率交換業務問世之後，情況就完全改觀。投資人或廠商可以依據對利率未來走勢的看法，利用利率交換來調整其利率計算的形態，以規避利率風險。另外，利息計算形態可分為固定利率及浮動利率，通常浮動利率的高低會根據經濟情勢的演變而調整。利率交換是一個規避利率風險的最佳工具。由於利率交換是屬於OTC的交易，因此在實際交易之前，公司董事會必須先通過相關決議。

三、認購權證操作分析致勝三部曲

少數權證波段操作者才是股市波段的最大贏家，然而對於未接觸過權證操作之投資人而言，短期間必定有其進入障礙。如何掌握操作分析的基本要領，權證操作分析要點有三：

1. 標的股價研判。
2. 槓桿作用（風險程度）大小。
3. 權證價格合理性。

在定位為槓桿投資操作之前提下，任何衍生性金融商品的操作，其成敗有八分取決於標的物價格的後勢研判，槓桿作用（風

險程度）大小的考量，則事關事後操作效率之高低，在可資運用的所有替代性工具中（現股、融資、權證），選擇具較高度槓桿效果者進行介入，就現行臺灣融資交易制度的角度而言，對於權證之槓桿倍數要求最起碼應有2.5倍，否則融資買進標的股票則不具重要性，且部分權證尚存在著流動性不佳的問題。藉由券商提供之行情資訊來取得資料，即以「隱含波動率」作為判定的指標，隱含波動率較高者可能暗示權證價格有高估之嫌，反之亦然。除考慮其履約價、到期日差異外，亦應以波動率相對較低者為權證選取投資之標準，以免落入賺了股價，賠了波動率之窘境。

在多數情況下，前述三個要點應為交叉分析的運用，例如：高估之權證價格自然在某種程度降低其槓桿作用；在預期標的股價短線有機會創造可觀漲幅的情形下，隱含波動率之容忍程度可稍作提高。此外，尚可藉由股價、時間二維之情境模擬，來決定是否買進權證、買進哪一檔權證，又在什麼情況要賣出。

第肆篇
理財與生活

第一章	理財與目標的平衡

第一節　目標是成功的藍圖

　　人的一輩子離不開理財，理財除了意指運用金錢的技巧之外，還包括檢視資產狀況，將手頭上可做分配的資源，按照輕重緩急的比例，分配到不同目標當中，完成人生理想。

　　經濟學裡面有個重要的原理：「欲望無窮，但是資源有限」，我們手頭上可以運用的資源，總是沒辦法滿足人性的貪婪，所以「設定目標」，透過資產配置、階段理財等策略，區分輕重緩急，將有助於讓有限的資源發揮最大的效果，滿足我們的需求。目標是人們成功的藍圖，它可以協助我們分配過多的精力與資源，而走向短期的激勵方向，以及帶給未來長期努力的願景。理財與設定目標是有息息相關的，而在設定目標時，必須因時、因地、因人而異，以因應不同的情境而加以彈性調整。

一、設定理性目標（Rational Goals）

　　所謂理性目標，以SMART原則來設定，而達到理性目標。「SMART」原則所代表的意義分別為S代表「Specific」（明確的）、M代表「Measurable」（可衡量的）、A代表「Attainable」（可達成的）、R代表「Result Oriented」（結果

第肆篇／第一章　理財與目標的平衡

261

導向）、T代表「Time Specific」（特定的時間）。

二、邊做邊設定目標（Mudding Through）

環境在變，理財在變，當然目標的方向則採邊做邊設定的方式，先小部分的起步，讓行動持續，直到情況明朗化時，則依照目標的進度前進。理財的面面觀，當情報消息太小，需要更多的時間去釐清議題時，則可用這種目標設定。

三、設定大方向的目標規劃

當未來的目標不是被很清楚、明確且理性定義時，則改以大方向及規劃領域去設定、訂定抽象的目標。

四、實現目標

有了目標規劃就是要去實現它，提醒自己，持續進行自我評估，以隨時激勵自己，真正完成目標。

本文總結理財目標三步驟：

一、第一步從具體化、數字化開列清單開始

例如：「我要購買一棟房子」，但到底是要買一百坪以上的大房子？還是十幾二十坪的小套房？要座落在鬧區的高級公寓？還是郊區的透天厝？

二、第二步計算完成這些目標需要花多少錢

畢竟標的物之間的價差相距十萬八千里，須抓出個範圍、價

差，讓你知道若要完成願望，最高與最低之間分別需要準備多少錢。

三、第三步從未來回推到現在，為了完成目標，必須做到哪些工作

例如：兩年之後若想購買50萬元的經濟型轎車，以一次付清不貸款為前提，從現在開始每個月累積存款要達19,000元。

第二節　不同類型投資人選擇不同類型定期定額

一、保守型投資人

投資主要目的在於100%保本以及低波動性、風險承受度低。族群以退休或即將退休人員、無財經知識為主，多數以定存為主，少部分會投資保本型基金。

二、穩健型投資人

投資目的以追求穩健獲利為主，可容忍部分風險。投資工具除定存、保本型基金外，會增加部分非保本型基金的投資（例如：股票型基金或是原物料基金）。

三、成長型投資人

投資目的以追求較高獲利為主，風險承受度較穩健型投資人高。投資工具除定存、基金外，會包含股票投資。

四、積極型投資人

投資主要目的在於賺取最大獲利、風險承受度很大。族群以具有深厚財經背景的人爲主（如銀行自有部位之交易員）。投資工具除上述各項工具外，會增加期貨、選擇權等高風險的投資工具。

如把投資人按年紀分門別類是模糊焦點，最重要的是要能掌握投資人投資的用途，以及他們期待占收入的比重多少，其次才是風險忍受的程度。

如對於穩健型投資人而言，持股分散的全球型股票基金是定期定額投資的首選，因爲全球股票基金波動風險低，而長期獲利穩健，且四十年之長期平均報酬率達15%，這類基金經理人會自動調節全球組合，投資人無須隨時觀察國際金融情勢，可免除轉換的麻煩與成本。對於積極型投資人而言，則要注意美國股票型基金，或是海外科技類股基金的定期定額投資，美國股票型基金是屬於波動風險較低的單一國家型基金，最適合追求中長期穩健報酬率的投資人。

第三節　不同類型人保險需求大不同

保險種類琳瑯滿目，面對剛出社會，對於保險須開始投資計畫。有計畫的投資人，應針對自身類型狀況選擇自己適合的保險投資。

1.都會菁英因本身經濟條件較佳，可透過外幣保單或投資型

保險商品，規劃自身的財務目標。

2. 白領上班族則應規劃足額的醫療保障及失能保險。社會新鮮人則需以最精簡的預算，規劃基本的保障，待有餘裕時，再補強保障不足額的部分。

3. 因工作需求而成為空中飛人的社會菁英們，可注意保險規劃中是否享有海外急難救助服務，以及海外突發疾病是否在承保範圍內，同時亦要留意意外險是否包含航空意外事故加倍賠償等條件，才能提供家人及自己足額保障。

4. 若風險屬性偏向保守型的上班族，為了避免承擔過高的風險，可選擇全權委託、部分比例保本機制的投資型保險商品。

5. 剛踏入職場的社會新鮮人，隻身租屋在外，屬於月光族的一群，先以最精簡的預算規劃基本的保障，以解決風險來臨時可能造成的損失，待有餘裕時，再補強保障不足額的部分。

6. 已累積幾年工作經驗的上班族，應規劃足額的醫療保障及失能保險，以因應當意外或疾病發生後，還能擁有照顧家人的收入來源。此外，為避免因意外或疾病成殘，可將殘扶金的規劃納入保險計畫中。

7. 組織家庭的階段，在人生不同的階段時，可透過專業的保險經紀人檢視保單內容，以原投保年齡增加保額，另外，將另一半變更為受益人，也是負責任的一種表現。

第四節　用減法過生活、加法拼事業、 乘法享人生

　　目前職場環境欠佳，薪資收入不多，我們可以用減法過生活，每月收入先將該存的存起來，剩下的再分配開銷，自然能減少無迫切需要的消費。薪資收入難以成長，我們可以用加法打拼事業，一方面能投資自己拓展與本業相關的能力，爭取升遷加薪的機會外，也可以開發其他領域潛能，增加其他副業收入來源，例如：寫作、烘焙及網拍等。

　　減法過生活，是為了減少不必要的開銷；加法拼事業，是為了創造更多的收入，但如此開源節流的目的，都是為了更快與更多地累積資產，當資產產生現金流收入大於開銷時，那麼恭喜你，你已經拿到一張通行證，可以正式告別牢籠的滾輪，駛向富裕的快車道。

　　當所有累積資產每個月所創造的現金收益，能穩定帶來工作收入五倍以上，等於有六個人同時上班為家裡賺錢，那麼少了一個人工作影響也不會太大，或許可以考慮朝自己的夢想付出更多的時間與精力。而那五位看不見卻又兢兢業業為你工作的朋友，將會以乘法帶來更多的朋友為你效力，你也可以用乘法享受財富人生。

　　為了能早日贏得財富自由，過自己想要的人生，切記心動更要馬上行動，多投資能增值與創造收入的資產（如定存、股票、房子），若無必要少購買只會耗損的資產（如車子、房子裝潢）。畢竟年輕人的一塊錢，價值可不只一塊錢，複利跟老酒一樣，愈陳愈香。

第二章 退休理財與規劃

隨著人口快速老化，與社會環境變遷，「退休」已成爲新興話題，除了退休人口明顯增加之外，也有愈來愈多的人希望「提早退休」，離開職場，展開新的人生。然而，無論是退休享受人生，或開創第二春，都得準備充足的「糧食」，才能夠「大樂退」。

第一節 退休的生活與心理調適

退休雖然是從工作職場中暫時退隱，但卻是另一種生活階段的開始，只要心理與生活有適當的調適，忠於自己且忠於自己的興趣，則退休後，時間更寬裕，生活應更是愜意，在投資理財上有適度的投資，閒暇時當志工，與年輕人爲伴，其實銀髮族也會過得很充實。

銀髮族在職場上忙碌了一輩子，退休後應是享清福、含飴弄孫的時候。所以，退休後的理財隨著年齡的增加，對於金錢的態度應該愈保守，考量風險的存在，夫妻兩人的退休金能足以讓自己「無後顧之憂」的過退休生活。

退休後的理財方法顯然因人而異，有人已累積相當財富；有人在退休後仍須負擔子女龐大的教育與生活費；有人卻可受子女

奉養。退休後生活若失去重心，漫漫長日眞是難熬，因此，在年輕時就必須培養生活的興趣，不論是從事心智或是體力的活動。適度的運動或出國旅遊，享受生活，都是退休後打發時間、充實生活的好方法，下列爲退休後的理財規劃。

王先生在五十五歲退休，看起來很年輕，在累積足夠的退休金後，便與夫人開始享受退休生活。退休的生活就是開始閱讀大量書籍，寫寫書法，到公園與二、三個知心的好友下棋、打牌，生活看似平淡，但王先生在年輕時就努力置產，擁有多棟的房地產，目前在房租收入方面則有150萬元，還有股息收入，而每月夫妻的生活費支出只要3萬元，生活在簡單中也算富裕。

第二節　如何領退休金划算

退休理財規劃是爲退休人員而進行的理財規劃，而不是即將退休或甚至已退休再來進行規劃。因此，對於即將退休的人而言，進行退休規劃已經無太大的助益，充其量僅能去了解他目前的財務狀況及被動地進行節流工作罷了！

由於面對一個充滿動態且不確定的大環境，如何領退休金，什麼時候作退休理財規劃？因爲我們無法精確地對各種未知的狀況作通盤的預測與掌握，所以，愈早愈好，金錢確實有時間價值存在，起步愈早愈可以小力搏大利。善用貨幣的時間價值，起步愈早愈可創造財富。

一、月領退休金或一次領退休金

軍公教機構在人員屆滿服務年限退休時，會發給一筆退休金，部分退休金在領取時，可用較優惠的利率存入銀行，對於不擅理財的人而言，分年領取是最佳選擇；而對於有理財能力者，可以選擇一次領回進行投資。

因為月領退休金即是「活得愈久，領得愈多」，這種方法就與國民年金、勞保退休年金相似，可以保障退休至身故前的生活保障。但如因不是公教人員，在工作單位沒有退休制度，或退休金領取的金額不夠將來退休後生活支出，則必須利用保險來規劃退休金，利用自助的方式，請保險規劃師依個人的財務狀況作規劃，一樣可達到退休金分年領取的目標。

有人認為採月領退休金方式，過於保守，只要有把握，配合理財專家的建議，進行風險規避、穩健的投資方式，也可以採一次領回退休金，轉向兼顧保本及獲利的投資組合上，例如：可以將四成放在保本型的投資商品上，如定存、養老年金險，另外的六成放在穩健收益型的全球債券型基金，或是全球產業型基金，如醫療基金或高科技基金等。如此，不但可以分散投資風險，再者，國家的基金免稅，且長期報酬也較定存為高。就目前的利率走勢，成熟國家的經濟策略，利率水準均有逐年下跌的走勢，臺灣的經濟已趨成熟，且經濟成長幅度逐年向下修正，故利率也一定會有同樣的現象，這是靠領利息為生的退休人員必須注意的管道。在定存利率持續走跌之時，儲蓄險正好可提供一個長期安定性高，也有穩定利率的儲蓄，是很好的選擇。

二、退休金準備的規劃

準備退休金的方法很多，選擇用什麼方法累積退休金，這與個人的投資個性、風險承受度、資本大小有關。對於理財個性保守者，可以利用定存或儲蓄險的方式逐年累積退休金，效率雖不高，卻是最保本的安全投資；對於理財個性積極者，則可以考慮將資本放在較積極型的理財工具上，及早規劃就能達到提早退休的計畫。例如：每月應提撥多少作退休準備，對一個保守型的人而言，由於投資務必要把安全性列入首要考量條件，則不妨考慮把四成放在全球型債券、全球產業基金，則同時可以達到短期利率（定存）、長期利率（儲蓄險），以及固定投資、穩定回收的目的。故在風險可控制之下，達成儲備退休金的目標。但對於積極型的規劃者而言，在儲備退休金時，可以將四成金額放定存和儲蓄險，六成放在積極型的股票基金進行短波段操作，其相對風險較大，但存在的報酬率也較高。

三、新制勞退金解析

勞工退休金條例（勞退新制）於2005年7月1日施行，有關勞工退休金之收支、保管、滯納金之加徵、罰鍰處分及移送強制執行等業務，由中央主管機關委任勞保局辦理。勞退新制係以「個人退休金專戶」為主，「年金保險」為輔的制度，以下分別說明其內涵：

（一）個人退休金專戶

雇主應為適用勞基法之本國籍勞工，按月提繳不低於其每月工資6%的勞工退休金，儲存於本局設立之勞工退休金個人專

戶，退休金累積帶著走，不因勞工轉換工作或事業單位關廠、歇業而受影響，專戶所有權屬於勞工。勞工亦得在每月工資6%範圍內，個人自願另行提繳退休金，勞工個人自願提繳部分，得自當年度個人綜合所得總額中全數扣除。勞工年滿六十歲即得請領退休金，提繳退休金年資滿十五年以上者，應請領月退休金，提繳退休金年資未滿十五年者，應請領一次退休金。

（二）年金保險

僱用勞工人數200人以上之事業單位經工會同意，事業單位無工會者，經二分之一以上勞工同意，且選擇參加年金保險之勞工人數達全體勞工人數二分之一以上，經行政院勞工委員會核准後，投保符合保險法規定之年金保險。

年金保險契約應由雇主擔任要保人，勞工為被保險人及受益人。事業單位以向同一保險人投保為限。年金保險之承辦機構為經中央主管機關核准之保險公司。給付請領方式依年金保險保單內容規定辦理。另外，雇主每月負擔年金保險費之提繳率，不得低於勞工每月工資6%。又事業單位實施年金保險時，有關勞退條例所規範之適用對象、新舊制度銜接、保險費計算起訖、工資、提繳率調整及申報期限、請領權利等規定，於年金保險準用個人退休金專戶之規定。如有違反者，依相關條文處罰。

「勞工退休金」與「勞保」為不同的制度，勞工退休金是一種強制雇主應給付勞工退休金的制度，分為新、舊制：舊制依「勞動基準法」辦理；新制則依「勞工退休金條例」辦理。而勞保是一種社會保險，被保險人發生保險事故時，得依「勞工保險條例」規定請領保險給付，並無新、舊制。勞工退休金新制，係

勞動基準法退休金規定之改制，與勞保無關，勞保被保險人之相關權益（例如：投保年資併計、可以請領的老年給付等）並不會因為勞工選擇適用退休金新、舊制而受到任何影響。

第三節　退休金計算與規劃

一、退休金計算

（一）計算公式

　　雇主提繳金額＝月提繳工資/30×提繳天數×雇主提繳率

　　個人自願提繳金額＝月提繳工資/30×提繳天數×個人自願　　　　　　　　　　　　　　　　　　　提繳率

（二）計算原則

　　「提繳天數」係自勞工到職開始提繳之日起計算至離職停止提繳日止，每月均以三十日計算。

（三）實例說明

　　某勞工自9月1日起開始工作至9月15日止，連續工作十五日，日薪為1,600元，則雇主應申報9月1日提繳，9月15日停繳，月提繳工資應將其日薪換算為月薪48,000元，再依勞工退休金月提繳工資分級表規定等級48,200元申報，故雇主9月分應提繳之退休金為：

　　48,200元÷30天×15天×6%（假設雇主提繳率）＝1,446元

二、退休金規劃

（一）概算自己每月所需的退休金

　　依世界銀行定義的理想退休金所得替代率（「退休後每月所得」除以「退休前每月收入所得」）以70%為準，假設啟光六十五歲退休，退休前每月所得為6萬元，想要達到所得替代率70%的目標，則退休後每月的退休金須為42,000元（6萬元×70%）。

（二）計算可從政府及雇主領到多少退休金

　　啟光目前三十五歲，每月薪資35,000元，假設他的勞退新制個人退休金專戶年平均投資報酬率4%，薪資成長率2%，物價平均年增率2%，雇主提撥率6%，結清舊制年資移入專戶的退休金為0，退休前勞保最高60月平均投保薪資43,900元，預計六十五歲退休，且活到八十五歲。不過，中途曾經失業，加入國民年金保險七年，退休時勞退新制年資有二十二年，勞保年資也有三十二年，請問六十五歲以後，可以從政府及雇主領到多少退休金？

　　啟光預計六十五歲退休，六十五歲退休後，國民年金月領1,572元，勞保年金月領21,774元，勞退新制月領6,550元，故從政府及雇主可月領到退休金為29,896元。

（三）計算退休金缺口

　　Step1.

　　啟光已推估退休後每個月需要42,000元的生活費，扣除勞保、勞退、國保三種退休金合計29,896元，可得出啟光退休後每月退休金缺口為12,104元。

Step2.

假設從六十五歲活到八十二歲，暫不考慮通貨膨脹的因素，補足這塊退休金缺口為2,469,216元（12,104×12個月×17年）。

Step3.

假設考慮通貨膨脹為2%，則退休金缺口總額應為4,496,958元。

（四）計算每月須定期定額投資金額

如果啟光想採定期定額投資方式在六十五歲前籌措4,496,958元的退休金，則目前每個月至少需要投資多少錢？

假設平均投資報酬率為4%，投資年數為三十年（啟光目前三十五歲，預計六十五歲退休），參考Yam天空理財試算，啟光從現在起每個月須定期定額投資6,458元，至六十五歲才能籌得4,496,958元。

（五）以基金為例

以上述為例，啟光目前三十五歲，正值壯年期，建議預留二年生活費放定存，預留六個月到一年當緊急備用金，再來考慮投資問題。

假如要投資基金，每個月投資金額為3,000元，投資1檔，建議投資全球股票型基金；若每個月投資金額為6,000元，投資2檔，建議投資全球成熟市場股票基金加上全球新興市場股票基金；若每個月投資金額為6,000元以上，投資3檔以上，建議投資股票型基金（新興亞洲、拉丁美洲、新興東歐三大新興市場加上歐洲、美洲二大成熟市場）、債券型基金（全球債券型基金）。定期檢視投資組合，做好資產配置，確實執行投資計畫、不中

斷。定期定額獲利三守則：「不停扣」、「不要挑到最後一名的基金」、「不要買到投資區域長期低迷的不振基金」。

第四節　退休理財的步驟

退休理財的步驟包括：

1. 設定退休目標。

2. 蒐集及整理個人資產負債表每月的收支狀況。

3. 擬定退休前儲蓄及投資的計畫。

4. 回饋與修正。

一、設定退休目標

（一）日期要設定

第一是日期要設定，第二是金額要量化。日期要設定，指的是退休的日期要先設定，而退休後預期壽命（Life Expectancy）亦應先設定；金額要量化，指的是以實際數字來表示所有相關的目標，並考慮通貨膨脹的因素。根據內政部的資料顯示（網址：http://www.moi.gov.tw/stat/news-detail.aspx?），105年國人平均壽命為80歲，其中男性76.8歲。女性則為83.4歲。

（二）金額的量化

進行規劃時，必須把所有的收入、支出、財產、負債等資料予以估計並加以數量化。退休的規劃時間相當長，故在估計各種現金流量時，必須考慮貨幣時間的價值。

二、蒐集、整理個人資產負債及收支狀況

（一）個人資產負債狀況

　　進行規劃時，必須先對於本身的資產負債及自有資金的狀況進行了解，資產減去負債之後，才是真正完全屬於自己的淨值。

（二）個人收支狀況

　　個人或家庭收支狀況部分，從個人或家庭收支表可以了解真實的收入狀況，不管是預估的或已實現的收支表。對預估的個人收支表而言，我們可以用以估算目前至退休時，或退休後至預期壽命到達為止，各年之收支預估，藉以了解退休前（後）的收支狀況，以方便計算退休時所需累積的儲蓄。

三、擬定退休前儲蓄／投資計畫

　　根據《Smart智富》月刊2011年10月所做的〈嬰兒潮世代退休規劃與認知〉調查結果發現，有超過60%的人已經開始存退休金，但是有59%選擇用「定存或儲蓄」作為存退休金的主要工具，選擇用股票存退休金的人有31.6%，位居第2，第3名是基金，占26%，第4名則是儲蓄險，占18.8%。

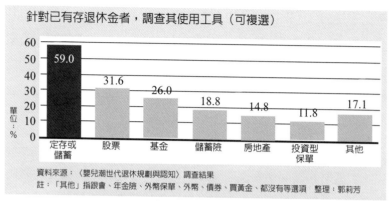

針對已有存退休金者，調查其使用工具（可複選）

單位：%

- 定存或儲蓄：59.0
- 股票：31.6
- 基金：26.0
- 儲蓄險：18.8
- 房地產：14.8
- 投資型保單：11.8
- 其他：17.1

資料來源：〈嬰兒潮世代退休規劃與認知〉調查結果
註：「其他」指跟會、年金險、外幣保單、外幣、債券、買黃金、都沒有等選項　整理：郭莉芳

圖6　大多數人選擇定存、儲蓄、股票來存退休金

　　針對這項調查結果，王儷玲憂慮地表示，「一般人存退休金，只知道多存，選擇的工具（定存或儲蓄）卻太保守，用定存來存退休金，可能一輩子都存不到理想的退休金，除非儲蓄率很高。」應該怎麼選擇存退休金的理財工具呢？專家提出以下處方。

（一）尋找比定存更有效率的投資工具

　　退休基金協會常務理事陳登源表示：「定存雖是最安全的工具，但是，對存退休金來說，卻是最危險的作法！」除非你收入高、儲蓄率也高，否則光靠儲蓄很難達成存夠退休金的目標。因為定存利率若與通貨膨脹率相抵，等於資產不會增值，如果通貨膨脹率比定存利率高，甚至會讓貨幣購買力下降。

　　舉例，過去七十年，美國S&P 500指數的年化報酬率約是10%，近十年的波動率加大，年化報酬率仍有2-3%。或許有人會認為，放定存最穩當，否則遇到金融海嘯或是股災，資產還不是大縮水？但以美國401（k）退休金帳戶為例，2007年的股票型資

產比率是59%（編按：指加入此計畫的投資人選擇投資股票型基金或自家公司股票的比率），即使是2008年金融海嘯時期，股票型資產比率也有47%。由此可知，存退休金是個長期計畫，選擇較有效率的投資工具，例如：定期定額買基金或是存績優股，並把投資時間拉長，就能降低短期波動的風險。

（二）採蛋型投資分布——存款、股票低，基金高！

宏觀財務顧問平臺協理陳敏莉指出，前述調查數據反映國內投資人的偏好，最保守的定存與最投機的股票比重都偏高，而中等風險的共同基金相對偏低，呈現沙漏型的投資分布。

蛋型投資
指低風險性的固定收益型資產（如定存、儲蓄險等）與高風險性的理財工具（如股票、期貨等）投資比率占資產比重較低，並把較大的比重放在穩健型的理財工具（如定存概念股、債券型基金等），讓資產得以穩健成長。

沙漏型投資
指穩健型理財工具配置太低，但固定收益型理財工具與高風險性理財工具卻偏高。

整理：郭莉芳

圖7　蛋型投資配置較沙漏型佳

各項工具該配置多少比例？沒有標準答案。不過，可以用準備緊急預備金的概念參考放在定存的比率，一般是建議應該要準備足以支應半年家庭月開銷的金額作爲緊急預備金，如果更保守的人或是工作領域有可能受到景氣波及的人，則可以準備至少足以支應一年家庭開銷的存款金額存在定存，作爲定存的配置

比率。

另外，在高風險的投資上，則應該是愈接近退休年齡，比率愈低，例如：愈接近55歲，離退休年齡只剩十年，應該要把股票的投資比重降低，而不是因為儲備的時間縮短，卻想用高風險的投資工具來換取更高報酬率，萬一天不從人願，投資產生虧損，大幅侵蝕原有資產，反而賠了夫人又折兵。

（三）何時該開始存退休金？

安聯人壽業務長江明彥建議，以退休後的預計存活年齡反推回來，例如：預計六十歲退休，活到八十五歲，等於是退休後還有二十五年的時間要花錢，那麼在六十歲前就應該花至少二十五年的時間來存退休金，壓力才不會太大。另外，存退休金時還要注意以下四點：

1. 勞退新制員工自提6%，也是一種強迫存退休金的方法

有些人埋怨錢存不住，或不知怎麼投資，錢只敢放定存，建議這兩種人都應每月提撥6%薪資到勞退新制的退休帳戶中，一來可以達到強迫儲蓄，二來這部分儲蓄又可以全部免稅。

2. 最好專款專用

退休是很遠以後的事，比不上子女教育金或還房貸來得迫切，因此存退休金的錢很容易被拿去做別的用途。為了避免上述情況，遠智證券董事長暨總經理陳怡芬建議二個作法因應：一是要有預留家庭緊急預備金的觀念，避免發生急用時，動用到其他理財目標的既有儲備；二是退休帳戶專款專用，例如：用一個戶頭，專門定期定額投資基金，或是存績優股與高股息概念股，要求自己萬不得已，絕不動用。

3. 做好風險規劃，避免收入中斷意外

陳敏莉表示，累積財富有三個：「本金、時間、報酬率」。如果本金不多、報酬率不高，但是時間夠長一樣能累積財富。但萬一哪一天收入被迫中斷，就會影響儲備效果。此時，除了以家庭緊急預備金因應外，也應事先做好風險規劃，購足該有的壽險、定期醫療險，以補償因為意外或疾病無法繼續工作時的薪資損失。

4. 要有定期檢視的能力或找專家協助

該如何知道退休專戶的資產配置是否合宜，就需要定期檢視。即使做到定期檢視，但並非每個人都具有調整配置的能力與專業判斷力，此時應該要找一個值得信賴的專家。王儷玲強調，所謂的專家並非只強調商品銷售的理財專員或壽險業務員，而是要透過認證體系考核的專業顧問。

四、回饋／修正計畫

在回饋的過程中，我們可藉由檢視及評估第三個步驟中「擬定退休前儲蓄／投資」計畫的可能性，來決定計畫修正的狀況。應考慮進行退休規劃者的風險承擔能力。由於從事風險性較高的投資會有較高的預期報酬，但其風險也大。應儘量不要以這種「高風險投資來替換低風險投資」的方式來進行開源的方法，而應該考慮用「副業」或「第二份工作」來增加收入會比較安全。另一種開源的方式是變賣「非儲蓄／投資性的固定資產」，例如：變賣自用的房地產。

第三章　快樂的生活與健康的規劃

第三章

第一節　生涯價值觀是需要學習的

一、快樂的生活與健康的規劃

　　老年人的理財規劃，尤其是老年人作退休理財規劃時，就投資標的的投資部分一定要做好「資產配置」，才可以達到分散風險的目的。臺灣人口已進入老年化，國內退休福利相關措施尚未完備，但老化趨勢已形成，2013年時全世界65歲以上人口及15歲以下幼齡人口，占總人口比率分別為8%及27%；臺灣老年人口與幼齡人口的相對比則為1：3.3，不僅高於全球平均水準，更與歐美國家的比率相當接近，人口老化趨勢相當明顯。這些幼齡人口長大成人後，每3.3勞動人口就須負擔1位退休人口的生活，肩負的財務重擔並不輕。現今銀行定存利率又大幅滑落，房地產價格低迷不振，股市跌落，耗盡一生精力作育英才的投資人，退休後的日子，不應該是忙著自己跑號子交割，在人的壽命不斷延長的現代，應該要把寶貴時間和精力用在「健康」的活動上，將理財交給專業經理人來運用。歐美退休金和政府基金的作法，就很值得我國參考。

二、生涯價值觀——敢捨棄，哪怕不景氣

　　將價值觀運用在生活中，二十四小時將是如何運用，你可以將它變得很有意義，也可以變得很沒意義，完全在於自己決定，由自己自由的來決定喜愛，例如：遭遇到討厭的人與工作，能將他當作是一種磨練，就是價值觀的轉化。再者，生活優先順序的觀念，就是價值觀的表現，不用拿別人或世俗的價值觀來考量自己，在選擇換工作以追求美滿的婚姻時，雖然收入減少很多，但美滿的婚姻是他主要的價值觀，故在追求自我價值觀的過程中，必須自我管理也就是節制，要訓練節制自己的衝動與欲望，去做心中存在的價值觀而表現忍受內心的欲望，那實在是太痛苦了！又何必呢？但如果那價值觀能深深吸引我自己？那真是我追求的人生，節制自己去完成，也表示戰勝了自己，贏得自己價值觀的戰爭。以下是介紹特力公司稽核副理吳蓓蘭的生涯價值觀。

　　吳蓓蘭本身是學會計的，吳蓓蘭表示，她在工作歷程中發現，若只是單純做會計，每天只是在與數字打轉，但若是從事稽核工作，就會有很多機會了解整個公司的作業流程，甚至跟隨公司的高階主管參與企業整體流程的改造工作，她經歷會計、倉管後，更加清楚了解自己對未來的工作定位，於是開始盤點轉型過程中所可能發生的專業不足與證照不足，因此，決定投入證照的考試，不僅透過補習的過程以充實專業知識，更重要的是可以用執照彌補自己在學歷上的不足。

　　一決定要取得CIA（國際內部稽核師）的執照，她的想法沒有得到現職工作主管的認同，主管主觀的認為上班之餘的補習會影響工作，於是吳蓓蘭評估得失後決定離開自己服務近十年的公司，花三個月的時間進修並重新找工作，這就是價值觀的運用。

當內心價值觀有衝突時，必須付出某些代價，就一定得優先選擇的策略，她下了很大的勇氣，因為對一個已婚婦女、又有小孩，要再另起爐灶，並不容易啊！但她仍為長遠前途考量，決定勇往直前，兩年後的今日，從結果看當時，因勇於放棄反而使今日獲得更多的結果，她不僅從一般上班族晉升為主管，更因勇於接受挑戰，使自己的職涯變得更為寬廣。

所以與其擔心自己何時會失業，倒不如反向思考，如何厚植實力爭取更好的工作機會，且確認自我定位與競爭優勢，並隨時盤點能力的不足，只要有實力，又何必在乎一時的不景氣呢？

其實職場的變遷對於一個積極的人而言是有無限的機會，如吳蓓蘭小姐在面對困難時，也不時會激發出潛藏的韌性、解決問題的智慧和增進心理層面的高度成長。願意進修努力的人，一、二年內看不出成績，五、六年後就能分出高下。所以，也不必怨嘆為什麼別人比自己有成就，因別人付出和努力，自己卻看不到。別人不給你機會，更該自己創造機會；當沒有人疼惜，自己更要疼惜自己。切不可處在風聲鶴唳的情境下，還在顧影自憐、自怨自艾，那只會更加速讓自己快速出局。

三、理財就是理生活

瑞士銀行臺北分行助理副總裁劉台芬，雖然擁有理財暢銷書作家的傲人成績，卻絕對不只是一個懂得投資理財的職場女強人而已，她是如何以豐富多元的生活管理來富裕自己？管理好生活，自然能夠管理好財富。一個能夠規劃整理好自己生活的人，便能對自己的收入做最妥善的規劃，進而做出有利的致富投資。

（一）讓生活過得更好，放假也要認真的生活

劉台芬「努力賺錢，讓自己過得更好」，所以是一個每週六、日都會自動自發出現在辦公室的工作狂；隨著工作上的突破以及階段性目標已逐步完成，「讓生活過得更好」成為體悟到生活不只是工作後，最重要的現階段目標，就是達到輕鬆快樂過生活的目標。旅行也是安排假期的重點，每年至少一次，多則三次，純粹以假期之名出國旅行，一方面休息，一方面探親訪友；短程到上海，長程遊歐、美，這樣的假期安排，讓劉台芬對於美國、歐洲以及上海的文化區隔，有著獨到的見解。

（二）抽身事外，避開當局者迷的陷阱

工作或是生活中，各式各樣的壓力是難以完成避免的，劉台芬認為適度的壓力有利於督促自己完成目標；但若壓力已嚴重影響情緒及判斷力時，則應當盡速將自己抽身事外，用第三者客觀、冷靜的眼光重新檢視，看清局勢。將自己由情緒中抽身，以俯角看事情，便可以有宏觀的角度綜觀全局，自然不會在無關緊要的小節上斤斤計較，也就比較可能找到解決的方式。

（三）凡事多想一步，早一日成就自己

劉台芬期待自己凡事多想一步，早一日成就自己是很重要的。好習慣是致富的敲門磚，企業家都有兩種習慣，就是「賺錢」與「勤儉」的好習慣。

1. 賺錢

很多大企業家，就算成了上市上櫃公司的老闆，依然對每一分錢的動向瞭若指掌；但是，有很多負債的人，卻很容易「視金錢為糞土」，甚至會「一擲千金」。

2. 勤儉

你可能很難想像，很多的大企業家，連公司每天要用掉的衛生紙，都要一捲一捲的計算成本用量。臺灣車材業有一位大財主，集團從汽機車座椅、方向盤、避震器到儀表板，幾乎無所不做，但是，家境優渥的大財主，平常開車都不請司機，甚至連高齡的老母平時都是騎摩托車下山買菜。另外，還有一個眾所周知的例子則是已逝的臺灣首富王永慶。他在勤儉創業成功之後，仍然保持簡樸的習慣。肥皂快用完時，黏到新肥皂上繼續使用；搭飛機坐經濟艙不坐頭等艙，最後因為空中小姐把他請到頭等艙，不要他補票，因為感到不好意思才改買頭等艙。也因為他將節儉的作風帶到臺塑公司，蔚成企業文化，使臺塑成為最有管理效率的企業集團。這些都是優良習慣——勤儉致富，最好的證明。

第二節　健康、快樂與理財並重

一、爬樓梯有易健康

要鍛鍊腳力，還能消耗脂肪最容易的健康方法是爬樓梯，專家指出，爬十分鐘樓梯可消耗250大卡熱量，若每天爬十分鐘，一年將可瘦五公斤，這對想減肥瘦身的人來說，是不錯的點子。

1. 現代人太過忙碌，作息也不正常，外食自助餐、簡餐、快餐、速食店，而外食由於添加大量的調味料或太油、太鹹、太辣，均造成長期使用者無形中增加了許多的熱量及添加物。在辦公室長期活動受限，體能消耗少，汗腺排泄功能因長期吹冷氣而造成排汗減少，現代人又有吃消夜

習慣，自然形成肥胖，爲了健康著想，減肥已成爲現代人的口頭禪，減肥找醫師，當然白花花的銀子就得送給醫院了。讓自己激起改變肥胖的價值觀，現在就行動，有痛苦也值得。

2. 少吃油炸、高熱量、高脂肪的食物，發揮自己的節制力，戰勝嘴饞的幻想。

3. 藉機多走動，不要坐在椅子上滑來滑去，一則不好看，二則沒有達到健康效果。

4. 提前一樓出電梯，用走的不搭電梯，以鍛鍊腳力。

5. 車子停遠一點，強迫步行以消耗熱量。

6. 中午休息時，動一動，看看風景、晒晒太陽。常洗冷水澡，一則消耗熱量；二則鍛鍊心肺功能。

二、壓力、食物與健康

(一) 身心健康基本功

七種生活好習慣：吃得好，睡得好，運動足，培養興趣，樂於生活，與人爲善，肯定自己。

(二) 壓力調適小錦囊：好心情就在轉念之間

壓力與情緒反應：壓力源→內在信念→情緒、行爲、生理。

生理因素：是交感和副交感神經系統活動的普遍亢進，常有腎上腺素和去甲腎上腺素的過度釋放。軀體變化的表現形式決定於患者的交感，副交感神經功能平衡的特徵。

環境因素：譬如家庭氣氛、學校的配合、社區大環境的契合。情緒障礙（Emotional disorders）是很常見的，尤其是女孩。

心理因素：一部分是遺傳基因、天生氣質或生產過程因素，一部分是個體之狀態自卑、自信心不足、膽小怕事、謹小慎微，對輕微挫折或身體不適容易緊張、焦慮或情緒波動。

第三節　生活家的智慧

先問問自己，「想要快樂嗎？為什麼想要快樂？快樂能為我帶來什麼？如果我快樂了，生活將會有什麼不同？」

當有答案之後，再繼續問自己，「那要如何才能快樂？」、「現在的生活如何能更快樂？」、「我願意為自己做什麼讓自己更快樂？」

如果你決定讓自己快樂了，請繼續閱讀。以下分享創造快樂的六大要點，及可以在生活中練習的小祕訣。

一、接受自己的所有情緒

生而為人（being a human），我們自然會有各種正向與負向情緒，不要排斥、逃避或害怕那些不好的情緒，那都是人生況味的一部分，很正常、很自然，是那些組成了我們之所以為人。

Tip：當有負面情緒時，以一個包容接納的角色告訴自己：「我知道你現在很快活（如：沮喪），沒有關係，這是可以的，而我依然愛你。」

二、兼顧樂趣與意義、現在與未來

根據哈佛大學教授Ben-Sarhar的說法，要創造快樂必須兼顧樂趣與意義、及現在與未來，亦即在選擇目標或安排日常活動

時，必須能同時滿足當下的愉悅感，及對於未來的意義、價值或使命感。

　　Tip：過去有哪些目標曾帶給你最大的快樂，並在追求目標的過程中感受到樂趣與意義？如何為自己的現在與未來也設定有相同功效的目標？

三、設定自我滿足的目標

　　設定目標可以為我們帶來動力，但卻只有自我滿足的目標能帶來快樂。自我滿足的目標是指能滿足內在需求的目標，如個人成長、獲得意義、擴充人脈……，而非社會強調的外在條件，如金錢、地位、成就等。當我們設定了自我滿足的目標，才能享受旅程，而非渴望終點。

　　Tip：在紙上列出「我能做的事」，從列出的清單中圈出「我想做的事」，再圈出「我很想做的事」，最後圈出「我最想做的事」。

四、簡化生活

　　這是個強調競爭、負責、充實的社會，於是我們將生活的每一寸都塞滿，公事滲透進私生活，留給別人的時間比給自己多，每天行程多得像戰鬥陀螺。可是不要忘了，當這個世界要塞給你滿漢全席時，你只需要一碗陽春麵即可充飢。

　　Tip：寫下一周的活動與時間分配，想想哪些事務可以刪減？哪些事務可以縮小比例？而如果有更好的安排方式，你會想如何重新安排時間？

五、身心靈平衡

一個人要快樂必須在生理、心理、靈性等三方面皆達到平衡。心理與靈性在前面皆稍微談過，而此處的生理則包括身體健康、飲食、睡眠與生活作息，請記得，身體比我們所想的還聰明，它會記憶所有壓力與情緒。試著讓自己慢下來，好好睡眠、好好進食、好好放鬆。

Tip：閉上眼，深呼吸，感受身體緊繃的部位，並想像它慢慢放鬆下來，放鬆，放鬆，再放鬆。

六、表達感激與欣賞

生活中充滿各種壓力、不滿、烏煙瘴氣，於是我們抱怨、批評、唉聲嘆氣。可是這種習慣卻也讓我們形成負面情緒，而忽略了生活中微小的美好人事物。根據Emmons與McCullough說法，每天至少寫下五件值得感謝或欣賞的事情，能有效增加正向情緒，而這份感謝與欣賞的對象，也包括你自己。

Tip：每天睡前請回想三件今天所發生的值得感謝或欣賞的事情，並且寫在日記本或行事曆上，包含愈多細節愈好。

養成習慣需要每天持續練習與自我檢視，快樂也是。不多說，開始行動吧[6]！

羅貫中在《三國演義》一書的卷首，寫下了一則頗為令人深省的詞：

---

6 資料來源：彰基院訊電子報，2012年11月。

滾滾長江東逝水，浪花淘盡英雄。是非成敗轉成空，青山依舊在，幾度夕陽紅。白髮漁樵江渚上，慣看秋月春風。一壺濁酒喜相逢，古今多少事，都付笑談中。

面對著人生的起起落落，浮浮沉沉的歷史洪流，有歡笑、有悲哀、有成功、有失敗，在成敗之間、在得與失之間，不就正如滾滾的長江水直奔大海永不回。回首前塵，不禁令人深深感嘆，時不我予，青山原不為雪白頭而老去。歷史上的每個時期，都有一些不平凡的人物，他們創造了一些不平凡的事業，在那個時代環境中或許被評定為是失敗，或是不及格，但是歷經數千年，即如長江的浪花一樣，長江後浪推前浪，這些歷史人物能不被歷史淹沒，名留青史對後世發揮影響力者又有幾人？這就是人生的變化歷程，也是一個無可改變的事實。

但是有規劃的生活卻是可以掌握的唯一真實，這個當下是活活潑潑的存在，「活在當下」這句話，是非常莊嚴而神聖的，所謂「一鳥在手勝過百鳥在林」即是這個道理。

生活中我們經常人云亦云，心無定見，甚至我是個怎樣的人等的問題，我們終其一生，可也沒曾仔細思考過，這樣的生活及日子有何意義，不是很可悲嗎？擁有正向自我概念的人，在待人處世上都能產生成功的經驗，他們從外界得到回饋，使得他們在個人生活或團體生活中更趨幸福和有效率，這類成功經驗提升了個人對自我的看法。

兵法上講「知己知彼，百戰百勝」確實不假，認識自我、了解自我、接納自我、活在當下是一個現代人所該有的自覺，不認識自己，怎知自己的優缺點，也就無從發揮自己長處，進而能修

補短處，亦不可能從中找到自己與他人不同的特性與競爭優勢。

　　用自我肯定、活出自我、活出豪氣、彩繪人生的態度來理財。在生活中常常可見一些雋永的詞句，無華麗的裝飾，或是艱澀難懂，但卻頗富趣味與哲理。僅以如下的十則現代生活小智慧，提供給讀者們參考，這些短文是處處可見，端看我們有沒有細細品味而已。

　　肚量大一點、嘴巴甜一點、行動快一點、效率高一點、腦筋活一點、理由少一點、做事多一點、說話輕一點、微笑多一點、脾氣好一點。

　　繃緊的人際關係，直接或間接的影響了我們的生活品質，如果我們能靜默片刻，回想生活的種種，用心去傾聽以下的描述與聲音，當有不同的感觸與體會。

當你發現：
愈來愈少的時間給自己
愈來愈多的時間給工作
愈來愈苦澀的笑容給家人
愈來愈緊張的情緒在工作
愈來愈多的努力在賺錢
愈來愈強的渴望想自由

卻換來：
愈來愈沉重的工作壓力

愈來愈無趣的平淡日子

愈來愈乏味的親密關係

愈來愈迷失的空虛自我

愈來愈強烈的感覺想逃避

愈來愈狹窄的藍天在臺北

還有，已經不再健康的身體

如果你發現生命的空間被擠壓得

喘不過氣來

請留下：

一點冥思的時間

一場心靈的饗宴

一朵玫瑰的美麗

一段思考的平靜

一些彈性的人生空間

一個未來的夢想色彩

一個留給自己的燦爛微笑

誠實的面對：

一個只有自己的約會

一個與自己的meeting

一場與生命和自我的對談

一次探索自我的豐富之旅

你會發現：

自己其實在追求什麼

活著其實是多麼喜悅

愛人與被愛其實多麼幸福

人生的風景其實多麼美好

不同類型的人，理財就似生活的心情，以下是否與理財觀有不同的吻合呢？

心情——今天

A型的人擔心明天怎麼過

B型的人享有今天怎麼過

O型的人看準今天怎麼過

AB型的人看待今天明天都能過

心情——追求

追求A型要用纏功——以時間換空間

追求B型要用柔功——以靜制動

追求O型要用氣功——以退為進

追求AB型要用忍功——以其矛攻其盾

心情——做什麼

A型的人——喜歡告訴喜歡的人他在做什麼

B型的人——喜歡時才告訴別人他在做什麼

O型的人——必要時會告訴所有人他在做什麼

AB型的人——你問他而他覺得有需要時，才會告訴你他在

做什麼

心情——潮流

A型對潮流是孫悟空——到此一遊

B型對潮流是你跑我追——永遠跟得上

O型對潮流是有軌道——絕對不服輸

AB型對潮流是脫俗不敢——隨俗又不甘

心情——餐廳

A型——喜歡走進同一家餐廳，點同樣的菜

B型——喜歡選不同的餐廳，點不同的菜

O型——喜歡上不同的餐廳，點同樣的菜

AB型——喜歡走進同一家餐廳，點不同的菜

心情——購物

A型會採取——精挑細選，配合預算去買

B型會採取——只要我喜歡，貴些又何妨

O型會採取——現在不買，怕將來會後悔

AB型會採取——買不買不急於一時，除非我喜歡

心情——武器

A型的女人愛用淚水為武器

B型的女人愛用沉默為武器

O型的女人愛用行動為武器

AB型的女人愛用冷漠為武器

心情──面子

面子對A型而言是尊嚴

面子對B型而言是價值

面子對O型而言是信心

面子對AB型而言是喜悅

心情──特質

A型的特質是必須動之以情

B型的特質是必須動之以理

O型的特質是必須動之以利

AB型的特質是必須動之以情，誘之以利

心情──包容

假如你能包容

A型的嘮叨瑣碎

B型的變化無常

O型的主觀霸道

AB型的強詞奪理

那麼吵架將可避免

心情──書

如果血型像本書，則

A型是章回小說

B型是推理小說

O型是武俠小說

AB型是傳記小說

心情——鬧情緒
A型鬧情緒時，要即時安撫
B型鬧情緒時，要給時冷靜
O型鬧情緒時，要過時檢討
AB型鬧情緒時，要隨時淡化

心情——人際關係
A型的忠誠
B型的圓融
O型的積極
AB型的沉著

心情——原則
A型的人太講原則，為原則而堅持原則
B型的人不講原則，沒原則就是其原則
O型的人愛講原則，但無永不變的原則
AB型的人少講原則，原則中的原則也未必是原則

心情——困難啟口
A型最困難啟口是不字——怕給對方難堪
B型最困難啟口是要字——怕給自己負擔
O型最困難啟口是好字——怕會沒完沒了
AB型最困難啟口是行字——怕給自己為難

心情——最喜歡唱

A型最喜歡唱——其實你不懂我的心

B型最喜歡唱——只要我喜歡有什麼不可以

O型最喜歡唱——愛拼才會贏

AB型最喜歡唱——誰說我不在乎

　　理財就是打理生活、打理心情，你是否對以上的看法有「心有戚戚焉」的感覺呢？

參考文獻

1. 行政院勞工委員會（2012）。取自http://www.cla.gov.tw/cgi-bin/ SM_theme?page=41d35566
2. 中華民國退休基金協會（2012）。取自http://www.pension.org.tw/ tc/index.asp
3. yam蕃薯藤—財金（2013）。取自http://money.yam.com
4. 郭莉芳（2012）。退休老本這樣存！Smart智富月刊，162。取自 http://smartold.businessweekly.com.tw/webarticle.php?id=45731
5. 陸倩瑤、黃郁文、周小仙（2011）。快樂退休 一生的理財計 畫。
6. 聯合新聞網。取自http://money.udn.com/wealth/storypage.jsp?f_MAI N_ID=331&f_SUB_ID=3018&f_ART_ID=251953#ixzz2Wuh7Nw7u
7. 林傑宸，《基金管理：資產管理的入門寶典》，臺北，智勝文 化，2011年。
8. 邱顯比，《基金理財的六堂課》，臺北，天下文化，2010年。
9. 趙靖宇，《基金贏家100招：基金一姐的私房投資筆記》，臺北， 原富傳媒，2011年。
10. 富達投資服務網，www.fidelity.com.tw
11. 摩根資產管理，https://www.jpmrich.com.tw
12. 經濟日報，稅務理財相關報導。
13. 工商時報，理財攻略相關報導。
14. http://www.ezmoney.com.tw/outlook/outlook detail.aspx?UnitID= 75&AID=220
15. http://blog.yam.com/zoe0863/ariticle/12109068
16. http://zh.wikipedia.org/zh-tw/%E4%BA%BA%E5%A3%BD%E4% BF%9D%E9%9A%AA

國家圖書館出版品預行編目資料

個人理財與投資規劃／張麗娟著. ——初
版.——臺北市：五南, 2018.11
　面；　公分
ISBN 978-957-11-9999-3（平裝）
1.個人理財　2.投資
563　　　　　　　　　107017508

1FTL

個人理財與投資規劃

作　　　者 — 張麗娟

發 行 人 — 楊榮川

總 經 理 — 楊士清

主　　　編 — 侯家嵐

責任編輯 — 黃梓雯

文字校對 — 黃志誠、許宸瑞

封面設計 — 盧盈良

出 版 者 — 五南圖書出版股份有限公司

地　　　址：106台北市大安區和平東路二段339號

電　　　話：(02)2705-5066　　傳　　真：(02)2706-6

網　　　址：http://www.wunan.com.tw

電子郵件：wunan@wunan.com.tw

劃撥帳號：01068953

戶　　　名：五南圖書出版股份有限公司

法律顧問　林勝安律師事務所　林勝安律師

出版日期　2018年11月初版一刷

定　　　價　新臺幣380元